SAVU MOGA
un iconar

AF854004

Cuprins

Mihaela Proca

Savu Moga

un iconar

cu un *Cuvânt înainte*
de **Gabriel Ţepelea**

Editura Tehnică
Bucureşti 1994

Copyright© 1994, Editura Tehnică
Toate drepturile asupra acestei ediţii sunt rezervate editurii

Adresa:
Editura Tehnică
Piaţa Presei Libere nr.1
33 Bucureşti, România
cod. 79.738

Consultant: Angela Martin
Diapozitive: Alexandru Comănescu
Coperta: Dorin Coltofeanu

Lector: Laura Neagu
Tehnoredactare
computerizată: Şerban Dincă

Bun de tipar: 22.11.1994
coli tipo: 4
CZ. 75:7.04
ISBN 973 - 31 - 0677 - 1

Tipărit la
Editura şi Atelierele Tipografice
METROPOL

Cuvânt înainte

Preocupat încă din tinereţe, de pe vremea ***Plugarilor condeieri din Banat****, 1943, de spiritualitatea ţărănească, mai precis, de indentificarea unor poeţi, prozatori, autori dramatici, publicişti - adevăraţi Robinsoni culturali ridicaţi din lumea satelor - era firesc să mă opresc, în continuare, şi asupra pictorilor, sculptorilor ţărani precum şi asupra iconarilor care lucrau în lemn ori pe sticlă. Iată de ce m-am încumetat să salut ieşirea la lumină a acestei cercetări.*

Monografia ***Savu Moga - un iconar****, este opera de debut a doamnei Mihaela Proca, absolventă din 1979 a Institutului de Arte Plastice "Nicolae Grigorescu" din Bucureşti, secţia de istorie şi teorie a artei. Dintre profesorii iluştri pe care i-a audiat, Ion Frunzetti şi Vasile Drăguţ, s-a apropiat mai mult de acesta din urmă, sub a cărui îndrumare a elaborat lucrarea de diplomă despre "Biserici româneşti din Ţara Bârsei în secolele al XVIII-lea şi al XIX-lea". A funcţionat, în continuare, ca muzeograf la Braşov şi Bucureşti, a publicat articole despre arhitectura bisericească, icoanele pe sticlă, pictura murală, precum şi cronici de artă plastică.*

Iconarii din părţile Făgăraşului apar, după Vasile Drăguţ, la începutul secolului al XVIII-lea, când Constantin Brâncoveanu îşi împodobise propria sa ctitorie, biserica Sf. Nicolae pe uliţa Chivărarilor din Făgăraş, cu icoane şi picturi murale, cu ajutorul lui Preda de la Hurez ("Picu Pătruţ - miniaturistul", din volumul O. Ghibu, ***Picu Pătruţ****, Asociaţia "România", Bucureşti, 1985, p.19). Ei sunt precedaţi pe tot întinsul Transilvaniei de copiştii de manuscrise, adeseori şi miniaturişti, un fel de iluminaţi rurali care se strecurau peste graniţele ce despărţeau atunci provinciile româneşti spre a înzestra bisericile, preoţii şi poporenii cu cărţi de cult - dar nu numai - copiate şi înfrumuseţate de ei.*

Toţi aceştia, copişti sau iconari nu aveau, în afară de talent şi pasiune, decât o instrucţie însuşită în jurul chiliilor monasticeşti ori bisericeşti. E vorba de individualităţi puternice, propulsate spre lumină de o imensă combustie interioară. Viaţa lor, mai ales a celor din perioade mai îndepărtate, poate fi cu greu reconstituită, se rezumă la operă.

Dar unii dintre iconarii care lucrau pe glajă ori gravau în lemn au simţit cu timpul nevoia să se organizeze în bresle. E semnalată, astfel, o organizaţie de breaslă prin 1776 în părţile Gherlei, şi, desigur, mai pot fi identificate şi alte centre. Devenit pentru unii un meşteşug al culorilor într-o familie sau într-o anumită localitate - întocmai ca olăritul - glăjăritul a proliferat anumite tipare, anumite canoane din chinga cărora n-au scăpat decât cei dăruiţi cu har. De multe ori lucrările sunt nesemnate şi nedatate. De aici, marea dificultate a delimitărilor. Şi de aici meritul principal al acestei lucrări: identificarea pe baze stilistice, tehnice, iconografice a 16 dintre operele nesemnate ale iconarului Savu Moga. Iar ca un corolar al identificărilor propuse, o polemică indirectă cu alţi cercetători care s-au aplecat asupra operei iconarului din Arpaş.

Şi încă ceva. Dacă o serie de cercetători cunoscuţi au realizat mai înainte atribuiri şi datări ale icoanelor, lucrarea de faţă se distinge, în plus, printr-o analiză a limbajului plastic corelat cu detalii iconografice. Aglomerările de date, inerente unei cărţi de debut, sunt compensate prin rigoarea demersului critic.

"Mărturiile" scot în relief o existenţă de ţăran adevărat care robotea tot anul la pământ, respecta cu stricteţe postul mare - timp pe care îl consacra "scrierii pe glajă" - lucra numai "tomnit" (adică la comandă), nu se deplasa la târguri să-şi vândă icoanele, cumpăra "farbe" (culori) de la oraş dar îşi făurea vopsele şi din plante. Pios, darnic, investind banii agonisiţi pe icoane în achiziţionarea unor noi holde de pământ, Savu Moga a avut "ochii tari", adică a lucrat până în ultimele zile de viaţă. A fost şi a rămas o personalitate proeminentă în tagma iconarilor.

Ilustraţiile ce însoţesc cartea sunt elocvente. Autoarea analizează cu acribie fiecare icoană după un itinerar precis: icoană nesemnată, datată ori nedatată, dimensiunile, tehnica, descrierea, caracteristicile stilistice, redarea inscripţiilor, starea de conservare, colecţia. Concizia şi sobrietatea sunt atributele majore ale descrierii.

În concluzie, orizontul şi metodologia lucrării - în special capitolul "Opera" - semnalează apariţia unui cercetător cu reale posibilităţi.

Gabriel Ţepelea

" Iată-mă dulce Hristos. Vine Iuda ticălos cina ta cea de pre urmă - lucruri prea mărite curmă.- vedeţi zidurile Marii. a cetăţii a cei tari întraceaste ziduri toţi prorocii buni, a lui Avram nepoţi au perit de neam îndărătnicit, cio vreame va veni când toate să vor plăti."

Cina cea de Taină, 1859
SAVU MOGA

I.

Mărturii

Povestea vieţii lui Savu Moga nu se mai cunoaşte. Nu ne-a rămas nici o mărturie scrisă de vreun contemporan. Frânturi din existenţa sa, din felul de a fi, de a se purta şi de a lucra - le-au mai relatat arpăşenii, îndeosebi fiicele sale, celor care, cu bună intenţie, s-au învrednicit a-i căuta urmele, între anii 1929 şi 1932.

Ştirile sunt puţine şi controversate de la bun început. Comparând între ele informaţiile publicate în 1932 şi 1943, completate cu amintirile vagi ale lui Gheorghe Gliga, strănepot, din anul 1990, reţinem următoarele:

- s-a născut în anul 1822 în satul someşan Jurtelec (astăzi Giurtelecu Şimleului, comuna Măerişte, judeţul Sălaj);

- a venit "de pe Ardeal", fecior june de 21 de ani, în 1843 şi s-a aşezat în Arpaşul de Sus din Ţara Făgăraşului, căsătorindu-se cu Safta Tutor;

- dintotdeauna ştia a zugrăvi icoane, dovadă două lucrări datate 1844, ce s-au aflat până în 1970 în casa nepoatei sale, Rafira Nanu Comşa, numită Chiruca Săvoaica (în casa "de pe curtea părintească");

- lucra doar "tomnit" (la comandă), mai multe icoane deodată, doar pe timpul posturilor mari din an; cu banii dobândiţi cumpăra pământ, pe care-l lucra, ca toţi ceilalţi ţărani;

- şi-a păstrat ochii "tari" şi a pictat până în iarna anului 1898, când s-a îmbolnăvit, lăsând o icoană mare neterminată (*Naşterea Domnului*);

- a murit în anul 1899.

Fiicele sale, Paraschiva Dateş şi Trifana Gliga, ginerele Ion Dateş, preotul Ion Popa au povestit despre el cercetătorilor din echipele sociologice, în timpul campaniei în vederea elaborării monografiei Drăguş.

Spre a contura un portret al iconarului, reluăm din informaţiile publicate de Lena Constante în revista "Boabe de grâu", în 1932.

Ca oricare dintre semenii săi, Savu Moga, stătea la sfat cu sătenii, bea cu ei la cârciumă, dar nu-şi pierdea firea cu vreo "vorbă slabă"; îi sfătuia pe cei în necaz şi le citea din psaltire; era darnic şi se lipsea uşor de lucrurile sale, atunci când întâlnea un om sărac.

Atunci când s-a îmbolnăvit, în 1898, de Crăciun, a lăsat penelul şi culorile; icoana mare a *Naşterii Domnului* a rămas neterminată...

Despre felul în care lucra deţinem doar câteva explicaţii:

"Vopselele le lua de la Sibiu şi Făgăraş, şi sticla. Mai lua sticla şi de la glăjăria Porumbacului. Scria chipurile pe o hârtie şi punea glaja pe ea şi o da cu cerneală neagră, apoi pe rând cu vopsele până se uscau. Cumpăra vopsele şi le freca pe o piatră lucie şi le lua în păhăruţe, pe neamuri, galben, roş, vânăt, negru."

Mai apoi, cu ocazia primei expoziţii din 1943, la Bucureşti, Constantin Brăiloiu - pe baza stenogramelor întocmite de Henri H. Stahl, a prezentat următoarele:

"Mulţi îşi mai aduc aminte de Savu, la Arpaş şi în alte sate din Ţara Oltului, dar amintirile lor sunt tot mai şterse. Din spusele tuturor, se înţelege, totuşi, lămurit că a fost un ţăran ca toţi ţăranii, îmbrăcat ţărăneşte, şi lucra la câmp, alături de sătenii ceilalţi. La bătrâneţe «avea un păr lung şi cărunt». Ochii i-au rămas «tari» până la urmă.

Însă, la fire, Savu nu se potrivea cu cei din jurul lui.

Zugrăvea mult şi era prea darnic: când întâlnea săraci, «dacă avea o cămaşe nouă, lepăda cămaşa şi o dădea la ticăloşii ceia» (...) Paraschiva Dateş îşi aminteşte că vorbea frumos: «aşa povestea de fain!». Avea prieteni mulţi în tot ţinutul.

Dărnicia lui Savu Moga se împerechea cu mândria bunului meşteşugar. Se bucura de o mare faimă până dincolo de Olt şi o ştia îndreptăţită. De aceea lucra scump: vindea o icoană mare cu 10 zloţi («zlotul vine 2 lei»), câştiga de putea cumpăra avere cât de mare. Lucra numai «tomnit»; nu umbla cu marfa prin sate: «venea şi-l tomnea acasă cine avea lipsă; el nu se ducea de fel».

Cât despre meşteşug spun toţi că nu întrebuinţa izvoade (mătării) vechi şi nici de două ori acelaşi izvod al lui: «el îşi făcea forma. Avea hârtie şi-apăi punea glaja pe hârtie şi-apăi scria. Dânsul le făcea toate celea. El tot ştia ce trebuie. Apăi, era dibaci minune mare». Sticla o cumpăra de la Cârţişoara («era glăjării; acum s-a stricat»), iar «farbele de la Făgăraş: alta era galbenă, alta albastră; apăi în văpseală băga firnais; avea o chiatră şi făcea văpselele cu chiatra aia şi le băga într-un păhăruţ şi apoi lua din condei puţintel şi scria» . Prin «condei» se înţelege un condei de păr de mâţă, prinsă de Savu *manu propria*, ca să-i smulgă firele moi din vârful cozii. Zugrăvea întotdeauna mai multe icoane deodată: «dacă da o dată cu anume zugrăveală, trebuia s-o lase să se uşte; aşa, numai pentru una, nu se apuca.» (...)

«Când se apuca cu mâna lui», zice Dateş, «apăi toate le făcea frumoase, şi pe sfântu' Gheorghe, şi pe Maica Precista, ori şi ce icoană o făcea frumoasă. Că lucrul lui se cunoştea din toate icoanele de la toţi zugravii. Nici nu este ca şi al lui, aşa cum lucra el, aşa lucru limpede ca al lui».

De la Gheorghe Gliga, în anul 1990, am mai aflat că în casa acestuia a existat, până în 1930, o icoană a *Maicii Domnului cu Pruncul*: "păi credeai că-i făcută din aur (...) era Maica Domnului cu Pruncul în braţe, şi pân' colţuri era sfântu' Neculae şi parcă într-un colţ era îngeri făcuţi, şi dedesubt iară erau doi sfinţi (...) apăi nu mai ţin eu minte de copil c-apăi ce era (...) păi scria la fiecare..."; icoana s-a spart în casă, iar "hârburile... le-a adunat ş-o luat acelea, mama... şi le-o băgat între coşuri... ş-o venit cineva, cum zic, un învăţător cu unul mândru, de prin Germania, că nu ştia să vorbească şi-atunci a fotografiat-o pe bunica, de ea n-o ştiut că ce-i face, sta, ba a tăt întrebat de tucu, d-apăi ea zicea că m-a mai întrebat... şi ea sta cu pălărie de paie în cap şi m-am pomenit c-o pus-o într-o revistă, o luat hârburile alea, le-o împachetat frumos, uite-aşa, în ziar şi le-o luat (...)."

"Zicea bunica că nu le-o lăsat să stea acolo unde lucra el nicidecum, să intre nimeni - unde făcea icoanele, unde le picta; am întrebat-o dar şi eu, păi cu ce le făcea? păi, zice, ştiam că aducea din plante, din plante aducea văpsea...le mesteca...(...)

...postea cu săptămânile, postul ăl mare, şi la Crăciun, atuncea lucra, în postul mare şi tot timpul, d-apăi avea şi pământ şi s-ocupa şi de pământ...".[1]

Destinul icoanelor lui Savu Moga este ciudat. Se ştie că ele au fost adunate mai ales de către Constantin Brăiloiu.

Ne-am încumetat pe acest drum în dorinţa de a restitui pe Moga iubitorilor de artă.

Deschidem, aşadar, catalogul lucrărilor întrebându-ne unde sunt icoanele originale ale lui Savu Moga, şi de ce replici - duble şi triple, uneori, - stau acum în locul lor? Cu timpul, dacă această selecţie şi analiză pe care o facem vor convinge, nădăjduim să dăm şi de urma altor icoane, pe unde vor fi fiind ele acum...

Înregistrat în aprilie 1990

II.

Catalog

1. Sf. Ilie
- icoană pe sticlă

- nesemnată, nedatată;
- dimensiuni: 46,5 x 42 cm;
- tehnică: pictată parţial pe glajă, pigmenţi vegetali şi minerali, liant organic şi vegetal, hârtie argintie mată, ramă şi fund din lemn de brad;
- descriere: sunt prezentate două episoade din legenda sfântului Ilie, dispuse pe trei registre după cum urmează: inferior - Eliseu apare de două ori (într-o atitudine de invocare apoi primind cojocul), redat într-un peisaj sumar (copaci cu coroană dublă, coame de deal şi ierburi, un iepure); median - scena principală dimensionată adecvat îl prezintă pe sfântul Ilie într-un car tras de doi cai înaripaţi; sfântul are palma dreaptă ridicată, în mâna stîngă ţinând o sabie curbă; superior - un arhanghel ţine hăţurile cailor şi biciul, în mijloc, într-un semicerc de nori Isus Hristos binecuvântează cu ambele mâini, iar în colţul drept este dispus oblic triunghiul cu Ochiul Domnului;
- imaginea este grafică, iar cromatizarea - secundară; linia cursivă, cu duct negru diferenţiat, delimitează (eventual dublată de alb pensulat) elementele volumetrice aplatizate sau detaliile decorative şi de recuzită;
- chipurile lui Ilie şi Eliseu, picturalizate prin treceri ton în ton, sunt uşor supradimensionate, ca şi mâinile celor două personaje - gesticulând semnificativ; siluetele sunt tipice picturii lui Savu Moga, şi anume: trupuri scunde, cu figuri conturate pe trasee rectangulare, având frunţi înalte, nasuri drepte, pomeţi laţi, ochi măriţi desenaţi în migdală, cu pupila plină, bărbii înalte şi urechi mici;
- cromatica este redusă: o mare parte a suprafeţei e rezervată incolor, astfel încât transpare hârtia argintie de fond; restul este colorat în glasiuri (ocru brunizat, ocru deschis), în tentă plată (verde smarald, verde crom, castaniu, ocru), în tentă modulată (la chipuri, ocru deschis alternând cu ocru - brun şi ocru - roz, cu acente de alb, gri, roşu);
- inscripţii: deasupra personajului principal: Sf(â)ntul proroc Ilie
  sub car: Elesie;
- stare de conservare: spartă în două bucăţi, nedesprinsă, uşoare bombări ale stratului pictural la verdele crom;
- colecţia Muzeului Civilizaţiei Populare Româneşti Astra, Sibiu, nr. OC 1116.

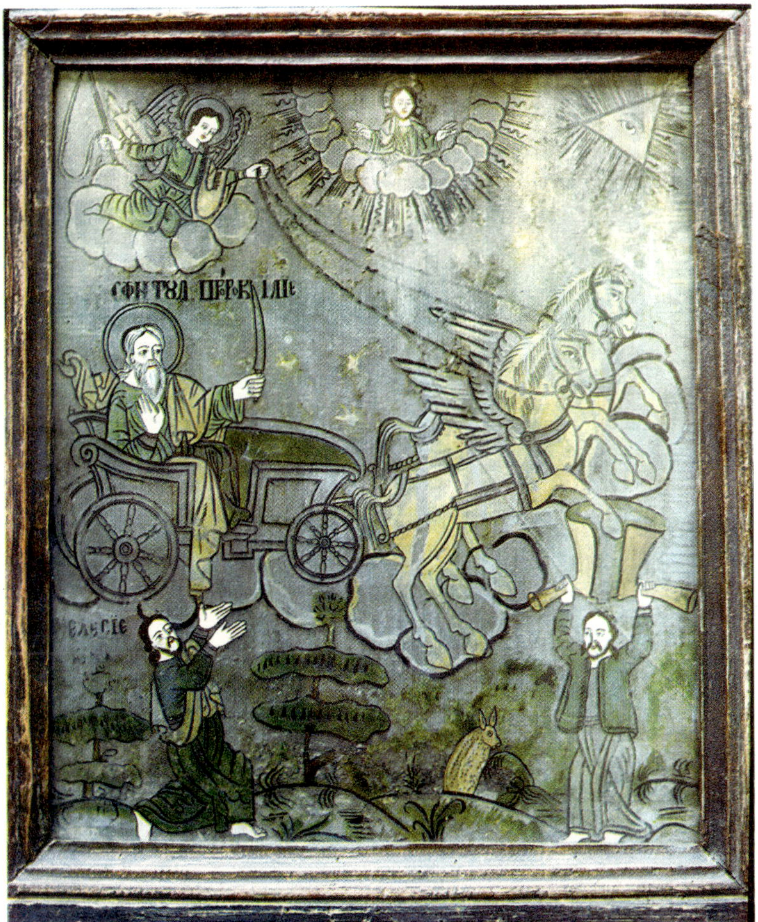
СФНТУЛ ПРОРОК ИЛИЕ

2. Sf. Gheorghe
- icoană pe sticlă

- nesemnată, nedatată;
- dimensiuni: 46 x 41 cm;
- tehnică: pictată parţial pe glajă, pigmenţi tempera, liant organic şi vegetal; hârtie argintie mată; ramă profilată şi fund din lemn de brad;
- descriere: central este redat sfântul Gheorghe călare, cu o mantie ce flutură, străpungând cu lancea balaurul; superior, un înger îl încununează pe militar cu o aureolă în forma literei "theta" şi flori; lateral, dreapta, apare prinţesa, de dimensiuni reduse;
- compoziţia este aspaţializată - o imagine-efigie sintetică, avolumetrică, realizată prin juxtapunere pe axe ortogonale;
- figurarea personajelor este proprie tipologiei lui Moga, atât cele secundare - definite sumar, doar prin atributele esenţiale vestimentare, cât şi personajul principal, cu un chip imberb şi bucle scurte, faţă adolescentină conturată pe traseu ovoidal, cu expresie senină;
- aspectul stilistic este preponderent grafic, linia fiind cursivă, cu duct diferenţiat, trasat cu negru, eventual dublată de alb;
- suprafeţele cromatizate sunt în tentă plată (alb, şi pensulări cu gri la cal, castaniu, roşu), sau în glasiuri de consistenţă diferită (verde de China şi verde-crom, ocru, ocru brunizat, albastru); excepţie fac feţele şi mâinile personajelor, care sunt colorate în ocru, cu modulări ocru-brunizat, ocru-roz şi accente de alb şi roşu;
- inscripţii: superior, cu litere chirilice: Sf(ân)tul muce(nic) Gheorghe;
- stare de conservare: bună, prezintă exfolieri (alb) şi antrenare a peliculei de culoare pe hârtie (coama balaurului);
- colecţia Muzeului Etnografic al Transilvaniei, Cluj, nr. MET 8805.

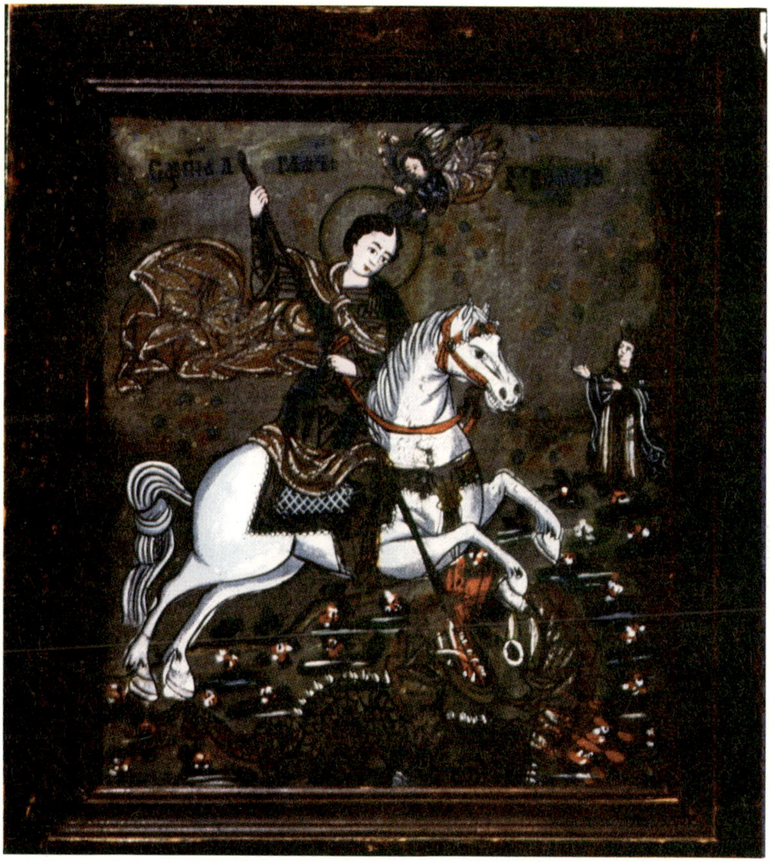

3. Sf. Dumitru şi Sf. Teodor Tiron
- icoană pe sticlă

- nesemnată;
- datată: 1858;
- dimensiuni: 45 x 41,2 cm;
- tehnică: pictată parţial pe glajă, pigmenţi vegetali şi minerali, hârtie argintie mată, ramă şi fund din lemn de brad;
- descriere: cei doi sfinţi sunt reprezentaţi călare, în veşminte militare bizantine, străpungând cu lăncile: unul pe Lie, culcat la pământ, celălalt balaurul; fundalul peisagistic din registrul inferior este schematic;
- compoziţia este sintetică, pe axe ortogonale, aspaţializată, iar figurarea este o imagine-efigie, realizată prin juxtapunere într-un singur plan şi repetiţii ale atitudinilor; dimensionarea diferită a personajelor subliniază rolul important al sfântului Teodor; portretele expresive ale celor doi estompează monotonia compoziţiei, la fel alternanţa detaliilor decorative şi cromatizarea;
- aspectul stilistic este predominant grafic, definitorie fiind linia pensulată, cu duct cursiv; câmpurile cromatice sunt în tentă plată sau în glasiuri, cu rezervări incolore - exceptând feţele celor doi, care sunt în tentă modulată;
- figurile personajelor sunt supradimensionate faţă de corpuri, iar expresia chipurilor celor doi sfinţi este impersonală, reţinută: portretul lui Dimitrie, imberb, conturat pe trasee ovale elenizante, sugerează seninătatea victoriei juvenile, în timp ce portretul lui Teodor, bărbos, matur, cu trăsături ferme, unghiulare, sugerează gravitatea şi responsabilitatea maturităţii victorioase prin credinţă;
- cromatica: suprafeţe în tentă plată - roşu, alb (caii), verde crom, castaniu, ocru, glasiuri de consistenţă diferită: ocru brunizat (peste blicuri albe sau conture dublate cu alb - la mantiile celor doi), ocru deschis; chipurile modulate în tonuri de ocru (ocru-roz, ocru brun), cu accente de alb; culoare modulată pe corpul balaurului (albastru cobalt în amestec cu alb pensulat);
- inscripţii: superior, în dreptul feţelor celor doi, cu litere chirilice:
  Sf(â)nt mucenic Dimi(trie) Sf(â)ntu mucen(i)c Theodor Tiro(n)
  lateral, în stânga: 1858;
- stare de conservare: spartă prin ciocnire, nedesprinsă; exfolieri pe suprafeţe mici;
- colecţia Muzeului Civilizaţiei Populare Româneşti Astra, Sibiu, nr. OC 1114.

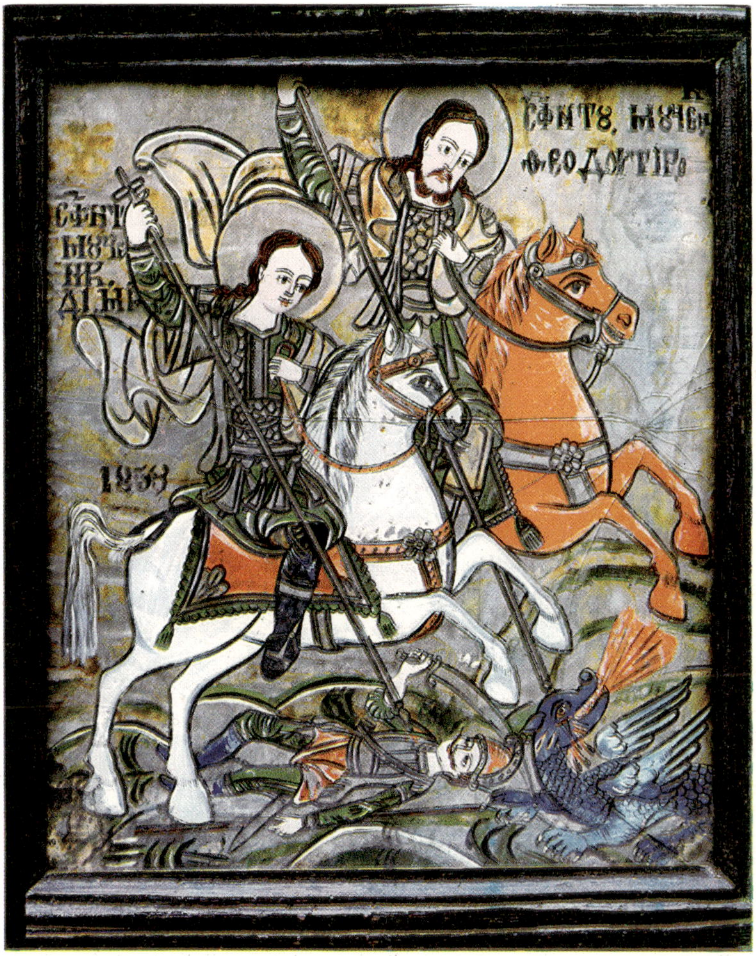

4. Cina cea de Taină
- icoană pe sticlă

- nesemnată;
- datată: 1859;
- dimensiuni: 46,5 x 41,4 cm;
- tehnică: pictată parţial pe glajă, pigmenţi vegetali şi minerali, liant organic şi vegetal hârtie argintie mată, ramă profilată, fund din două bucăţi din lemn de brad;
- descriere: în jurul unei mese rotunde sunt compuse centripet cele treisprezece personaje, în perspectivă frontală şi laterală; pe masă se află pâini, un vas cu peşte, un potir şi o cană, tacâmuri; în planul al doilea, lateral, peisaj arhitectural (turnuri, case, ziduri); lateral şi superior este un chenar geometric din romburi alternate;
- central, Isus Hristos se distinge prin proporţii, tip fizionomic (faţă dreptunghiulară, ochi mari, nas scurt, frunte înaltă) şi prin cromatizarea carnaţiei; gesturile lui concordă cu expresia gravă a feţei (cu mâna dreaptă binecuvântează, în stânga ţine o pâine); figurile apostolilor (bărboşi, cu păr castaniu sau alb, ori imberbi) se diferenţiază ca tipuri - ce corespund biografiilor - şi sunt realizate prin modularea tonului; poziţionarea apostolilor se repetă prin decalc - în dreapta şi în stânga compoziţiei; esenţiale sunt gesturile câtorva: Petru are mâna dreaptă întinsă şi palma deschisă, Marcu are mâna ridicată, Pavel o mână spre bărbie şi este răsucit în jilţ, privind înafară, Iacob are mâna ridicată, iar Iuda este expus în profil, situat inferior, cu mâna întinsă spre peşte;
- stilistic, predominantă este linia cu duct diferenţiat, ce conturează volumele aplatizate; cromatic - ies în evidenţă feţele modulate ale personajelor (ton ocru, variind între roz, siena, castaniu, umbră arsă, gri, cu accente de alb pe nas; roşu miniu la guri), părul şi bărbile (alb cu gri şi brun); vestimentaţia este uniformă: tunici în verde crom, mantii in laviu ocru brunizat, cu conture interioare pensulate cu alb; fundalul arhitectural este colorat cu laviuri verzui şi ocru;
- inscripţii: superior, cu litere chirilice: Cina cea de taină

  inferior în chenar: Iată m(ă) dulce HS. Vine Iuda/ticălos cina ta cea de pre urmă-/lucruri prea mărite curmă-/vedeţi zidurile Marii. a cetăţii a cei tari/întraceaste ziduri toţi prorocii buni, a lui Avram. nepoţi/au perit de neam îndărătnicit, cio vrea me va veni câ(n)d toate/să vor plăti

  inferior dreapta: 1859;
- stare de conservare: bună, colţul superior stânga lipseşte;
- colecţia Muzeului Ţăranului Român, Bucureşti, nr.R 988.

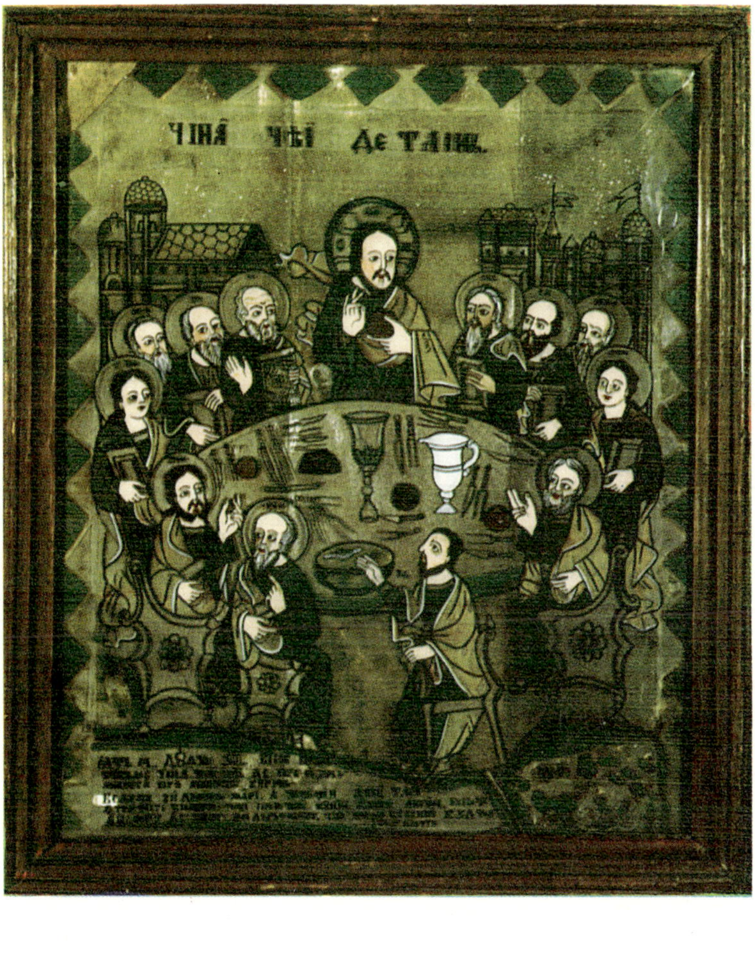
ЧІНА ЧѢІ ДЕ ТАІНѢ

5. Naşterea Domnului
- icoană pe sticlă

- nesemnată;
- datată: 1860;
- dimensiuni: 42 x 36,5 cm;
- tehnică: pictată parţial pe glajă, pigmenţi tempera, liant vegetal, hârtie argintie mată, dublată ulterior de altă hârtie, mai strălucitoare, ramă nouă, fără fund;
- descriere: personajele sunt compuse pe un traseu ovoidal, în jurul lui Isus Hristos, astfel: superior, pe un cerc din nori străpuns de rază, doi arhangheli cu flabella; central, Isus nud, pe pânza ţinută de Maria, este asistat de bou şi asin; la stânga sunt un păstor şi Iosif sprijinit în bâtă (ieşit înafară); cei trei regi, costumaţi militari austro-ungari închid scena - cel bătrân îngenuncheat, ceilalţi doi cu torţe în mâini; în planul al doilea există un fundal arhitectural (zid plin, cornişă şi creneluri);
- stilistic, grafismul predomină, linia definind volumele plate şi atitudinile emblematice ale personajelor; selecţia la nivelul reprezentării impune prin esenţializare şi monumentalitate;
- linia are duct modulat, fin (la feţe) şi fluid, plin (la corpuri şi fundal); conturele sunt trasate cu negru de fum, dublate eventual în interior de alb; volumele aplatizate sunt marcate de blicuri şi linii curbe pensulate cu laviu brun;
- inscripţii: superior, pe flabella ţinută de arhangheli: Naşterea Domnulu(i) IC HC
  inferior: 1860
  deasupra feţelor: M(a)ri(a); Ios(i)v;
- stare de conservare: spărtură mică pe marginea din dreapta, nedesprinsă; hârtia argintie a reacţionat cu laviurile cromatice, ducând la strângerea peliculei şi exfoliere;
- colecţia Muzeului Ţăranului Român, Bucureşti, nr.R 1006.

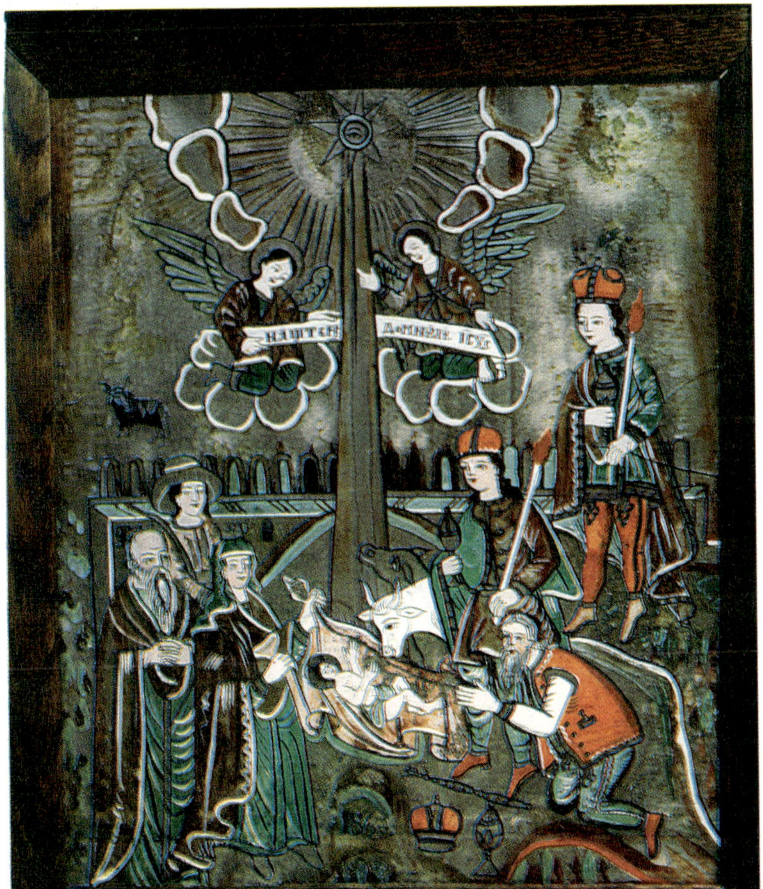

6. Sf. Haralambie
- icoană pe sticlă

- nesemnată;
- datată: 1861;
- dimensiuni: 46,5 x 41 cm;
- tehnică: pictată parţial pe glajă, pigmenţi tempera, liant emulsie şi ulei, hârtie argintie mată, ramă profilată şi fund din lemn de brad;
- descriere: sfântul Haralambie este redat central, frontal, binecuvântând, încununat cu flori de un arhanghel, călcând pe un schelet cu coif înaripat şi coasă lungit la picioarele sale; superior, dintr-un nimb de nori, Isus Hristos binecuvântează; la picioarele morţii se află trei personaje de dimensiuni reduse: doi bărbaţi adormiţi şi o femeie gesticulând, cu mâini supradimensionate; în stânga, un grup de personaje redate în perspectivă corală invocă puterea sfântului; fundal schematic, arhitectural urban şi peisagistic;
- scena este compusă prin juxtapunere întrun singur plan, cu subordonarea temelor secundare prin dimensionarea redusă a personajelor; detaliile vestimentare sunt desenate cu minuţie; de pildă gulerul amplu, cu bordură în volute duble şi decorul cu ove barocizante al cărţii; remarcăm picturalitatea feţei sfântului, cu pensulări roz şi alb;
- stilistic, linia este elementul principal al imaginii; ductul alternează (trasat cu negru, uneori dublat de alb sau laviu roşu-englez);
- pata cromatică a feţei personajului principal se detaşează prin modularea tonurilor (ocru-roz, roz, ocru-gri şi brun; alb cu gri la barbă şi păr); carnaţia personajelor secundare este pensulată (ocru, roz, brun sub ochi); în tentă plată este colorat doar scheletul, iar veşmintele personajelor sunt cromatizate în laviuri roşu-englez şi verde-smarald, cu umbre grafice în laviu brun şi alb; fundalul este redat în aceleaşi dominante cromatice: laviuri roşu-englez şi verde;
- inscripţii: superior, cu litere chirilice, parţial şters: Sf(â)nt(u)l Hara(lam)bie
  inferior: 1861;
- stare de conservare: hârtia argintie este fărâmiţată, căzută parţial, antrenând pelicula de culoare; mucegai (inferior stânga); craqueluri de diferenţă de temperatură;
- colecţia Muzeului Ţăranului Român, Bucureşti, nr. R 493.

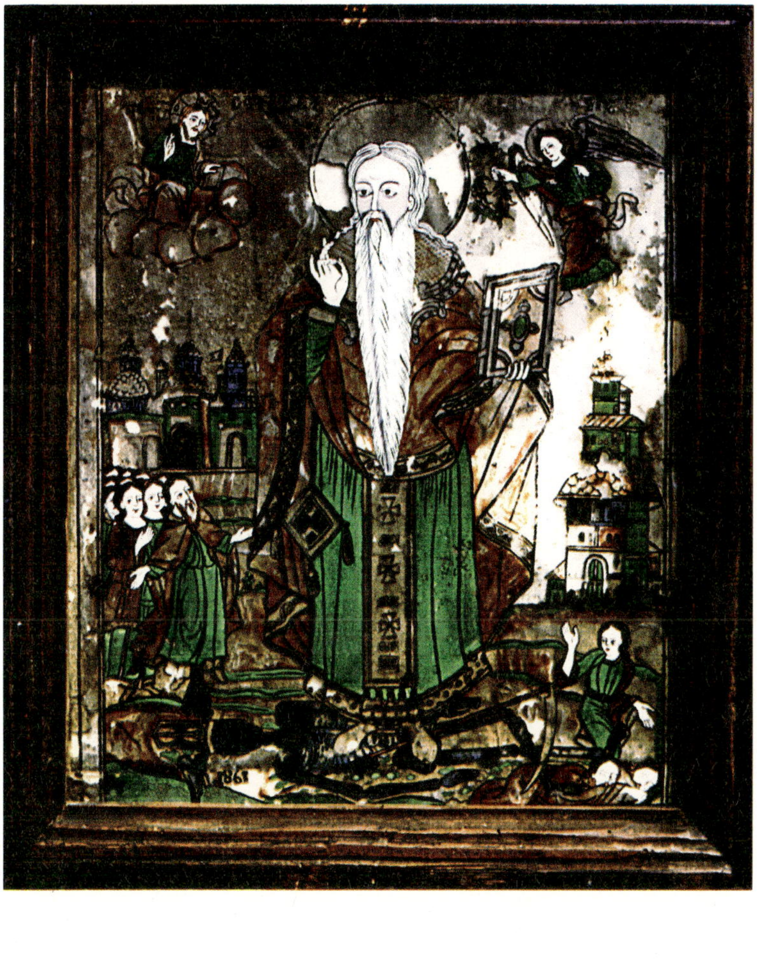

7. Sf. Dumitru

- icoană pe sticlă

- nesemnată;
- datată: 1861;
- dimensiuni: 44,7 x 38,7 cm;
- tehnică: pictată parţial pe glajă, pigmenţi minerali şi vegetali, liant organic şi vegetal, hârtie argintie mată, ramă profilată, fund din lemn de brad;
- descriere: sfântul Dumitru este redat central, ca militar, călare pe un cal roşu, străpungând cu lancea pe Lie, culcat la pământ;
- reprezentarea-efigie e aspaţializată, compunerea fiind centrată pe axe ortogonale, cu diagonale secundare; imaginea se înscrie între cele clasice ortodoxe;
- aspectul estetic se datorează în primul rând liniei, dar şi picturalităţii portretului; linia curge sinuos, este trasată cu precizie şi conturează elegant, fluid, formele şi detaliile (spiralele din coama calului, motivele în volute spiralate de pe zalele sfântului, faldurile mantiei etc.);
- tipologic, portretul se înscrie în galeria celor specifice lui Moga, în spiritul tradiţiei bizantine elenizante şi a celui postbizantin umanizant, slav; chipul este imberb, redat în semiprofil, pe traseu ovoidal, cu modulări calde (ocru, ocru-gălbui, accente de alb pe verticala nasului şi frunte, ocru brunizat spre tâmple şi maxilare); expresia senină concordă cu victoria juvenilă a martirului; prin contrast, fizionomia şi postura uriaşului legendar învins de sfânt este aceea de mască imobilă, încremenită în agonie (figura colorată în tonuri de ocru cu treceri spre brun şi gri, carnaţia teroasă, părul zburlit şi rânjetul, poziţia în diagonală frântă a corpului), la care se adaugă accesorii adecvate: scutul circular căzut pe pământ, coiful roşu suspendat sub burta calului;
- cromatica ansamblului susţine pata mare în tentă plată de roşu-miniu (asociat cu laviuri brune) prin laviul roşu-englez de intensităţi diferite; inferior, peisajul schematizat este colorat în laviu verde-crom; în câmpul median şi cel superior sunt dispuse stele pensulate cu laviu roşu-englez;
- inscripţii: superior, cu litere chirilice: Sf(â)ntul Mu(cenic) Dim(i)trie
inferior, stânga: 1861;
- stare de conservare: bună, hârtia argintie este ondulată, prezintă exfolieri superficiale
- colecţia Muzeului Ţăranului Român, Bucureşti, nr. R 1004.

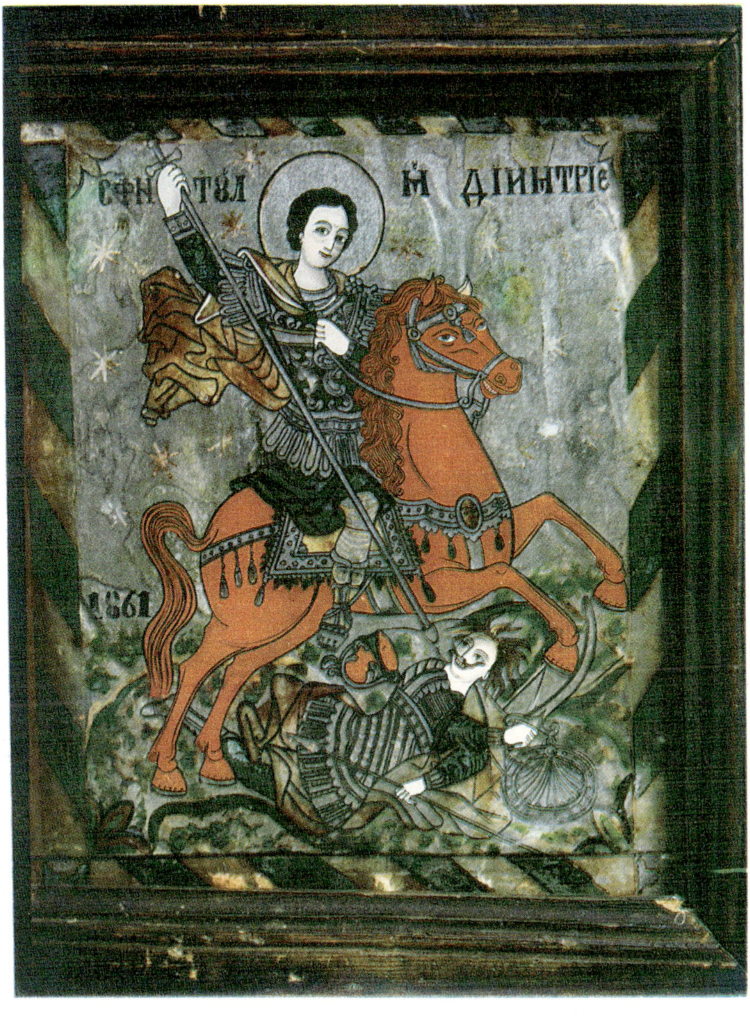
СФНТЪЛ
Й ДІМИТРІЄ
1861

8. Învierea
- icoană pe sticlă

- nesemnată;
- datată: 1864;
- dimensiuni: 43 x 36,8 cm;
- tehnică: pictată parţial pe glajă, pigmenţi tempera, liant vegetal şi organic; hârtie argintie; ramă profilată şi fund din lemn de brad;
- descriere: tema este redată în iconografia tradiţională, prezentând înălţarea lui Isus Hristos central, într-un nimb de nori; în registrul inferior, de dimensiuni reduse - cei trei soldaţi adormiţi pe lespede şi cele trei mironosiţe; în stânga, median, din nou piatra tombală, vegheată de înger; chenar lat, lateral, cu motive florale alternative şi pavaj geometrizat;
- compoziţional, secvenţele sunt juxtapuse pe suprafaţa lucrării, iar dimensiunile personajelor diferă; grupul soldaţilor comprimă cele trei siluete astfel încât se disting doar capetele şi parţial, elemente anatomice şi detalii de recuzită;
- tipologic, Isus Hristos este redat conform canonului propriu lui Savu Moga: trup robust, faţă dreptunghiulară cu frunte înaltă, ochi mari, nasul îngust şi scurt, bărbia pronunţată şi gura mică; corpul seminud este proporţionat şi părţile anatomice sunt marcate grafic; prezentarea frontală, cu picioarele uşor depărtate sugerează încremenirea mişcării, ca de altfel mantia estompată şi pagnusul drapat rigid; binecuvântarea mâinii drepte a lui Isus se îndreaptă către îngerul-martor al miracolului; cei trei soldaţi sunt desenaţi compact, izocefal, înveşmântaţi militari contemporani, (cu zale, tunici, mâneci răsucite, mantii, cizme şi coifuri cu panaşe, în mâini având suliţe şi săbii curbe); chipurile (unul treaz şi două adormite) sunt conturate pe trasee curbe, iar mustăţile lungi sunt răsucite; femeile mironofore sunt desenate după acelaşi şablon, cu capete mari şi mâini supradimensionate; îngerul are capul plecat, cu expresie inocentă, iar mâinile împreunate sunt delicate şi prelungi;
- predominant este grafismul atât în conturarea personajelor, cât şi în sublinierea volumetriei; linia are duct diferenţiat şi e fluidă, sinuoasă, precisă; conturele sunt uneori dublate de alb sau de umbre brune;
- cromatica este redusă la verde-smarld şi roşu-carmin, alături de care carnaţia, pensulată în tuşe fine, în tente modulate de ocru, roz şi brun - conferă ansamblului dominanta caldă; suprafeţele rezervate incolor sunt nuanţate de laviuri cromatice, astfel încât hârtia argintie are străluciri de intensităţi diferite;
- inscripţii: superior stânga, cu litere chirilice: Învierea lui IS HS, Înţerul
  median, dreapta: Mironosiţele; inferior: 18(6)4;
- stare de conservare: exfolieri parţiale şi bombări ale stratului pictural;
- colecţia Muzeului Satului, Bucureşti, nr. MS 4492.

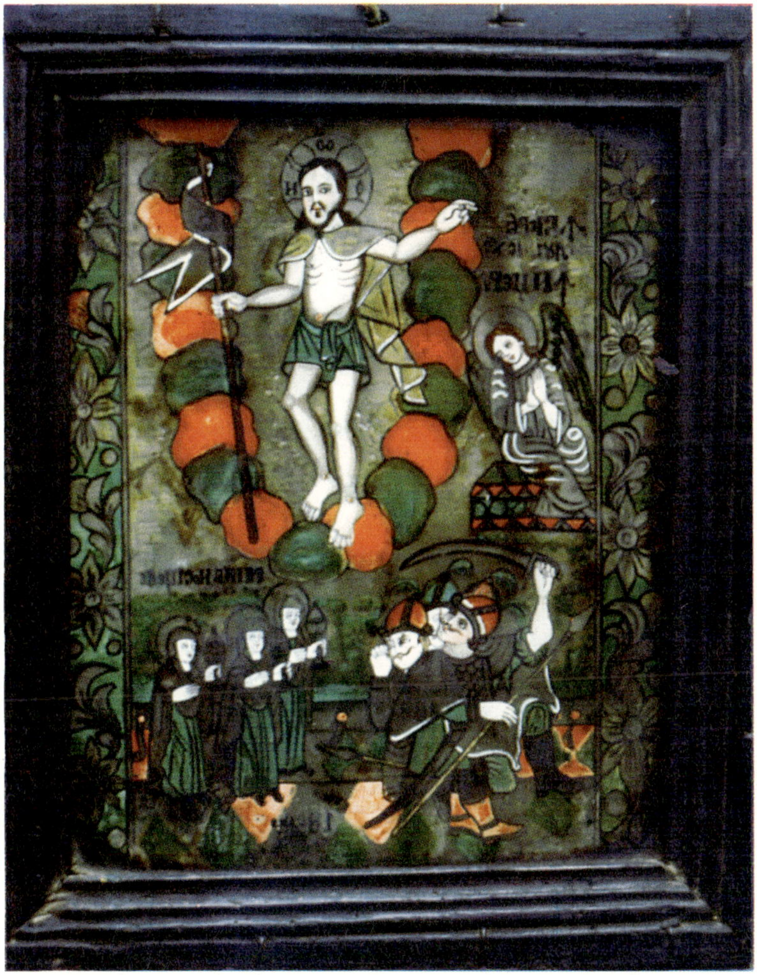

9. Sf. Dumitru
- icoană pe sticlă

- nesemnată;
- datată: 1866;
- dimensiuni: 44 x 39 cm;
- tehnică: pictată parţial pe glajă, pigmenţi vegetali şi minerali, liant organic şi vegetal, hârtie argintie mată, ramă profilată şi fund din lemn de brad;
- descriere: sfântul Dumitru călare este redat central, îmbrăcat militar, în luptă cu Lie - căzut pe pământ;
- imaginea este o reprezentare - efigie aspaţializată: personajul central e compus pe axe ortogonale, personajul negativ - pe axe diagonale, iar între ele corespondenţe compoziţionale (curbele părţilor anatomice, ale detaliilor vestimentare şi accesoriilor);
- aspectul stilistic este prevalent grafic: conturele sunt dublate de linii cu duct cursiv negru, în timp ce câmpurile sunt colorate în tentă plată; excepţie de la tratarea cromatică în tentă plată fac feţele celor doi, ce sunt picturale, cu treceri de la ocru-roz la gri-alb şi ocru-brun (în jurul ochilor), iar accentele de alb şi roşu completează expresia figurilor;
- prin economia mijloacelor plastice se conturează, din nou, tipul de reprezentare propriu lui Moga, caracterizat prin ţinută, proporţii, expresivitate, portretizare caracteriologică elenizantă;
- imaginea este completată de un decor secundar: inferior - fundal peisagistic schematic, superior dreapta - în lujer cu o floare cu opt petale, iar lateral - o bordură cu acelaşi motiv floral;
- cromatica: suprafeţe în tentă plată (roşu-miniu, verde-crom, brun şi alb-gri), suprafeţe modulate (chipuri) şi suprafeţe în glasiuri (ocru brunizat, verde crom);
- inscripţii: superior, cu litere chirilice: Sf(â)ntul Di(m)itru
  lateral stânga: 1866;
- stare de conservare: bună, icoana prezintă exfolieri pe corpul calului;
- colecţia Muzeului Civilizaţiei Populare Româneşti Astra, Sibiu, nr. OC 1108.

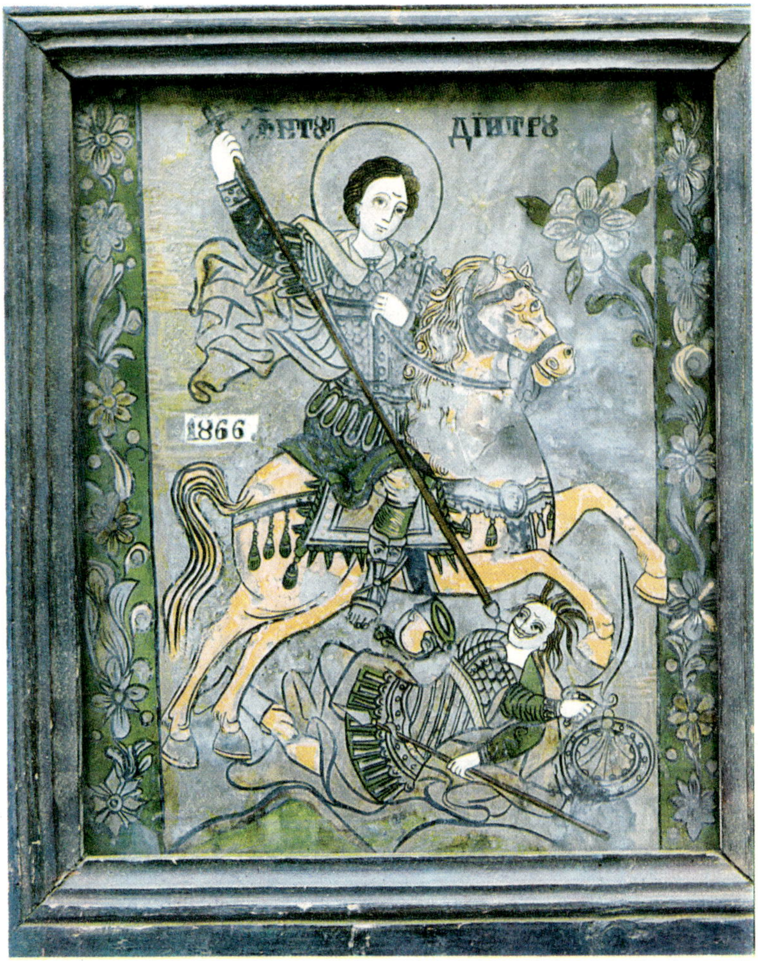
1866

10. Botezul Domnului
- icoană pe sticlă

- nesemnată;
- datată: 1868;
- dimensiuni: 43 x 37,6 cm;
- tehnică: pictată parţial pe sticlă, pigmenţi vegetali şi minerali, liant organic vegetal, hârtie argintie mată, ramă profilată şi fund din lemn de brad;
- descriere: central, între maluri este Isus Hristos, bărbos, încins cu pagnus, aşezat cu fiecare picior pe câte trei reptile acvatice (a şaptea reptilă coboară râul); la dreapta, Ioan Botezătorul, cu păr zburlit şi barbă, înveşmântat cu tradiţionala piele de capră, iar la stânga, un grup compact de arhangheli în perspectivă corală, redaţi frontal, în mâini cu ştergare; superior, porumbelul, simbol al Duhului Sfânt, iar inferior şi lateral dreapta, un fundal peisagistic schematizat (tufiş, copac, ierburi);
- aspectul stilistic este prevalent grafic, importantă fiind linia cu duct negru, fluent; excepţie face carnaţia personajelor, care este tratată pictural, cu treceri între ocru-brun şi brun, ocru blanchizat, cu modulări ce definesc expresia personajelor, astfel: Isus, redat conform tipologiei proprii lui Moga, are orbitele mărite, subliniate de brunuri la pleoape şi arcade; proorocul Ioan are un chip tensionat, chiar speriat, în timp ce îngerii au feţe imberbe, elenistice, cu frunţi bombate şi ochi supradimensionaţi;
- cromatic predomină tentele plate de verde-crom, alb, roşu-miniu, brun, glasiu în nuanţe de ocru brunizat; haşurile sunt trasate cu negru, brun, alb
- inscripţii: superior, în două casete rectangulare:

  Botezul Do(mnului) IS HS - iar deasupra capului lui Ioan Botezătorul numele e şters: Io-n

  lateral dreapta: 1868 în câmp alb rectangular;
- stare de conservare: icoana prezintă bombări ale stratului pictural pe suprafeţe mici, cu exfolieri uşoare;
- colecţia Muzeului Civilizaţiei Populare Româneşti Astra, Sibiu, nr. OC 1111.

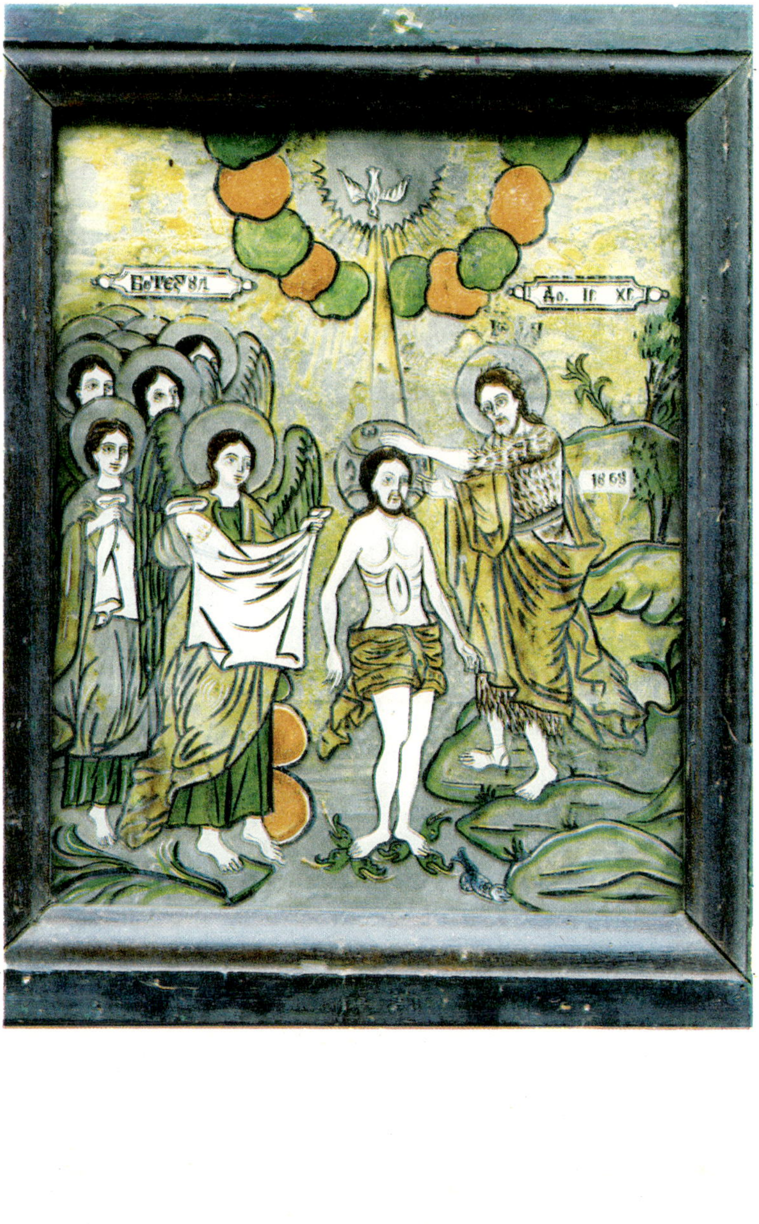

11. Bunavestire
- icoană pe lemn

- nesemnată;
- datată 1869;
- dimensiuni: 43 x 30,5 cm
- tehnică: pictată pe suport din lemn de tei, fără strat de preparaţie; pigmenţi minerali şi vegetali cu liant de ulei; verni pensulat;
- descriere: central e o masă cu o floare; lateral stânga, Maria este aşezată pe un tron somptuos, cu picioarele pe o pernă circulară, iar pe piept cu o carte deschisă; în dreapta, arhanghelul Gavril, cu lujerul în mână, static, înveşmântat în loros bizantin; din cercul de nori cu Porumbelul Duhului Sfânt coboară oblic raza spre capul Mariei; fundalul este arhitectural urban, pe trasee rectangulare, iar în colţul din stânga sus, pe o draperie este desenată în alb majuscula I;
- compoziţia este echilibrată, cu spaţiul central decorativ prin excelenţă (floarea, masa şi faţă de masă); scena se desfăşoară într-un singur plan, iar elementele compoziţiei sunt juxtapuse ortogonal, fără profunzime spaţială; volumetria este aplatizată, iar corporalitatea personajelor este redată grafic, prin conturele veşmintelor, prin falduri, blicuri şi umbre cromatice;
- picturale sunt doar feţele şi mâinile celor doi, cu o carnaţie ocru deschis, modulat cu roz, roşu, alb şi ocru brunizat; chipurile cu trăsături delicate, pe traseu ovoidal, sunt recognoscibile în galeria de portrete tipologice create de Savu Moga în icoanele pictate pe sticlă;
- cromatica este caracteristică icoanelor pe glajă ale lui Moga: conture cu duct negru, brun şi alb; tentă plată roşu de miniu, albastru Prusia, alb fildeşiu, brun-castaniu; tentă modulată la carnaţie, cu tonuri de ocru-gălbui, ocru-roz, ocru brunizat şi accente de alb şi roşu; inferior glasiu verzui; foiţă de aur la aureolă, tronul Mariei şi detaliile vestimentaţiei arhanghelului;
- inscripţii: inferior, cu litere chirilice, trasat cu şablonul, cu duct negru:

  Bună. Ve(s)tire. a prea sf(i)nti născ(ă)tori/de D(u)mnezeu /1869;
- stare de conservare: foarte bună; verniul este afumat;
- colecţia Mitropoliei din Sibiu, nr. 49 - Arpaşul de Sus.

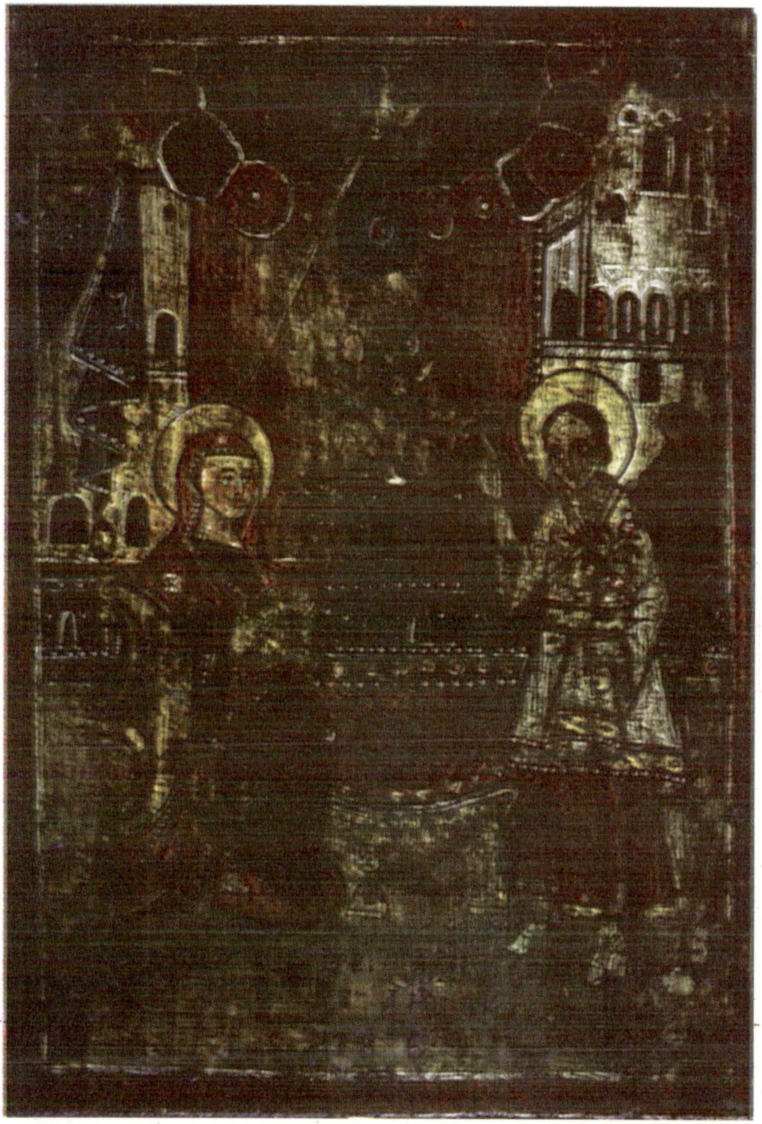

12. Floriile
- icoană pe sticlă

- nesemnată;
- datată: 1872;
- dimensiuni: 42,5 x 37,5 cm;
- tehnică: pictată parţial pe glajă, pigmenţi tempera, liant emulsie şi ulei, hârtie argintie mată, dublată ulterior de alta, strălucitoare, ramă nouă, fund din placaj;
- descriere: în primul plan, central, Isus Hristos călare pe asin, binecuvântează uşor întors spre grupul apostolilor; în stânga doi preoţi iudei în faţa porţilor cetăţii; în planul al doilea în copac, doi copii cu ramuri de finic şi unul cu o secure; fundalul este urban şi peisagistic;
- personajele sunt prezentate frontal, suprapuse în perspectivă corală; naraţia este redusă la momente esenţiale, cu numărul minim necesar de figurări, astfel încât, în pofida dimensiunilor, se creează monumentalitate;
- stilistic, aspectul grafic este predominant; linia cu duct extrem de variabil (trasat cu negru, dublat de alb şi brun), defineşte volumele, spaţiul (aerat prin rezervări de câmpuri decorative), atitudinile şi gesturile încărcate de semnificaţii;
- Isus Hristos se distinge între apostoli prin expresia gravă; sobrietatea Lui este marcată prin compunere şi cromatică: faţa e modulată în tonuri de alb, ocru deschis, ocru roz, ocru şi brun (în jurul ochilor şi nasului), iar mâinile şi piciorul gol sunt colorate în ocru-roz; asinul, conturat prin linii curbe descendente, fluide, creează o pată cromatică alb-ocru-brun, cu modulări din pensulaţie;
- figurile celor patru apostoli din prim-plan sunt diferenţiate ca tipuri fizionomice şi expresive, fiind definite prin culoarea modulată; chipurile supradimensionate ale preoţilor, cu ochi foarte mari, sunt pensulate în contraste dure (alb şi brun);
- cromatica este armonizată pe laviuri reci, suprapuse: verde de China, brun, ocru brunizat, faţă de care se disting petele modulate, calde, la feţele şi mâinile personajelor, la corpul asinului (alb de zinc, ocru, roz, brun, roşu miniu)
- inscripţii: superior, stânga, cu litere chirilice, parţial şters: Dumineca Floriilo(r)
  inferior: drepta 1872;
- stare de conservare: suprafeţe mici sunt exfoliate, îndeosebi la albul de zinc; hârtia argintie este măcinată şi căzută (la aureolele apostolilor);
- colecţia Muzeului Ţăranului Român, Bucureşti, nr. R 991.

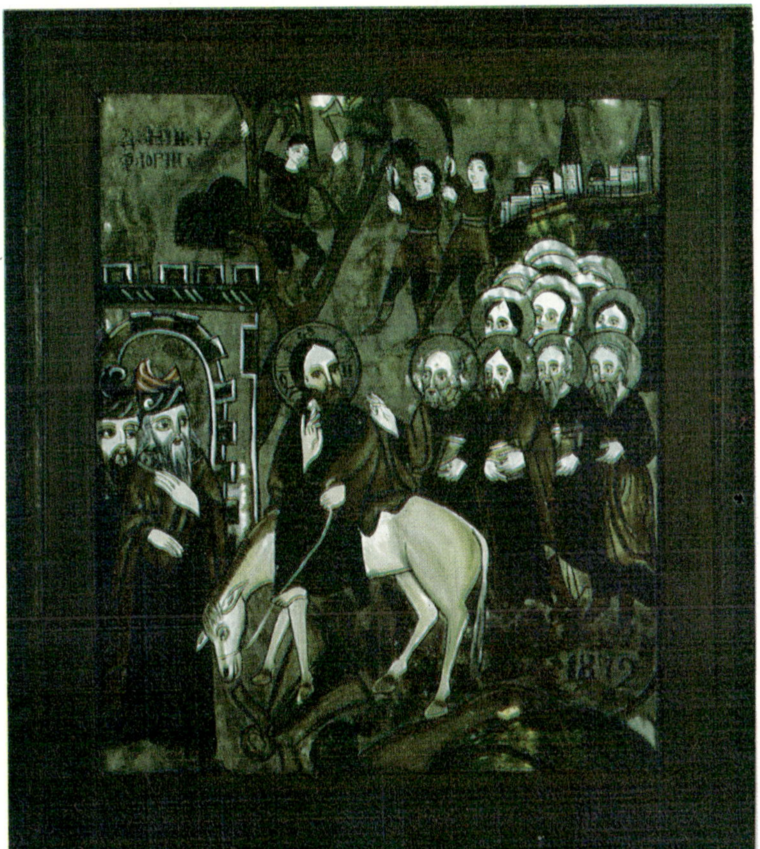

13. Învierea
- icoană pe sticlă

- nesemnată, nedatată;
- dimensiuni: 45 x 39,2 cm;
- tehnică: pictată integral pe glajă, pigmenţi tempera, lianţi vegetali şi organici; ramă profilată şi fund din lemn de brad;
- descriere: tema este cea tradiţională, în varianta înălţării lui Isus Hristos (central), în nimbul Luminii Increate, cu flamura în mână şi binecuvântând; în stânga, median, este aşezat îngerul pe piatra tombală, iar în dreapta, de dimensiuni reduse, două mironosiţe (redate schematic); inferior, pe lespede, trei soldaţi adormiţi, costumaţi militari austro-ungari; chenarul este lat, cu motive geometrice;
- compoziţional, scena este redată prin juxtapunere în planuri succesive, cu alternarea dimensiunilor personajelor, care sunt prezentate frontal;
- tipologic, Isus Hristos instituie un canon: corpul scund, nud, cu pagnus şi mantie prinsă la gât - sugerează volumetria anatomică prin trecerile de ton (deschis-închis); chipul, pe traseu rectangular, cu bărbie şi maxilare proeminente, cu nasul scurt şi ochii mari, cu pupila plină - este expresiv şi solemn; figurările celor trei soldaţi sunt emblematice din punct de vedere social şi caracteriologic, marcate fiind prin postură, gesturi, modalitatea picturală a redării feţelor, prin atribute poziţionate diferit, prin veşminte (tunici, zale, vestoane, mantii);
- aspectul grafic prevalează asupra celui pictural, linia fiind trasată cu negru, dublată eventual de alb şi laviuri cromatice;
- gama cromatică este dominată de acordul albastru-roşu, cu preponderenţa tonurilor reci (albastru, verde crom, brun); tonurile calde sunt în tentă plată (roşu miniu, roşu englez), sau în tentă modulată (la feţele personajelor: ocru-roz, roz, ocru brunizat); foiţa de aur subliniază accesoriile vestimentare, de recuzită şi evidenţiază prezenţa îngerului (mantia drapată şi lespedea); la chenarul lat, aurul conferă somptuozitate şi strălucire;
- inscripţii: cu litere chirilice:
  superior: Învierea lui IC HS
  deasupra chipurilor personajelor: Inţerul; Mironosiţele
- stare de conservare: bună, cu excepţia exfolierii aripii îngerului;
- colecţia Muzeului Ţăranului Român, Bucureşti, nr. R 1005.

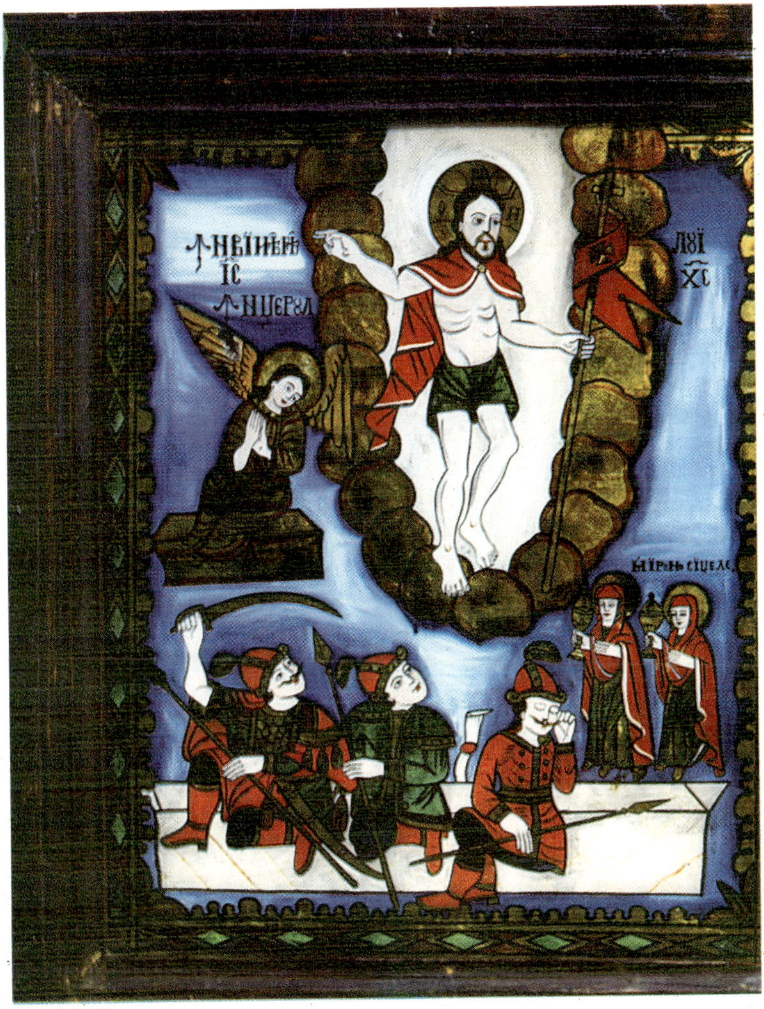

14. Sf.Gheorghe şi Sf.Teodor Tiron
- icoană pe sticlă

- nesemnată;
- datată: 1874;
- dimensiuni: 45,4 x 40 cm;
- tehnică: pictată parţială pe glajă, pigmenţi tempera, liant organic şi vegetal, hârtie argintie mată (înlocuită ulterior), sticlă dublată ulterior, ramă din lemn şi fund din carton (înlocuite ulterior);
- descriere: central sunt reprezentaţi cei doi sfinţi călare, în veşminte militare, ucigând câte un balaur; fundalul peisagistic este schematic;
- imaginea-efigie este compusă prin suprapunere - a cailor şi parţial a corpurilor celor două personaje - şi prin juxtapunere; reprezentarea în semiprofil a celor doi evită repetiţia prin proporţionarea diferită: sfântul Gheorghe este de dimensiuni reduse ;
- compoziţia este definită stilistic prin grafism , cu excepţia picturalităţii feţelor celor doi; linia are duct cursiv, diferenţiat, trasat cu negru şi defineşte conturele, volumele aplatizate şi detaliile;
- în tipologia portretelor create de Savu Moga, cele două chipuri impun canoane aparte, a căror expresivitate adânceşte semnificaţia imaginii; Sf. Teodor, cu barbă scurtă şi mustaţă, are faţa alungită, pomeţi proeminenţi şi obraji supţi, ochi mari, nas lung, redate prin modulări de ton (ocru, ocru brunizat, brun) şi pensulare nervoasă; Sf. Gheorghe, imberb, cu fruntea înaltă, elenistică şi trăsături delicate, ochi mari, nas subţire, obraji şi maxilare pe trasee curbe, redate prin pensulări modulate ale aceloraşi tonuri; desenul şi cromatica teroasă (lipseşte roşul la guri) concură la crearea unor tipuri cu expresie gravă, ascetizată la Sf. Teodor şi juvenilă la Sf. Gheorghe;
- cromatizarea ansamblului este în acord cu picturalitatea feţelor: veşmintele sfinţilor sunt colorate în laviuri transparente (verde-crom, ocru brunizat), ce alternează cu suprafeţele rezervate incolor; animalele sunt colorate diferit: în tentă modulată (calul roşu), sau rezervate incolor (şarpele încolăcit); fundalul peisagistic este linear (negru, alb, brun) şi în pete (verde-crom, laviuri verzi şi brune);
- inscripţii: superior, cu litere chirilice: Sf(â)ntul marel(e) mu(cenic) Teodor median,
  stânga: S(fântul) Gheo(r)ghe 1874;
- stare de conservare: exfolieri pe suprafeţe mici; hârtia argintie recentă prezintă ondulări accentuate;
- colecţia Muzeului Ţăranului Român, Bucureşti, nr. R 990.

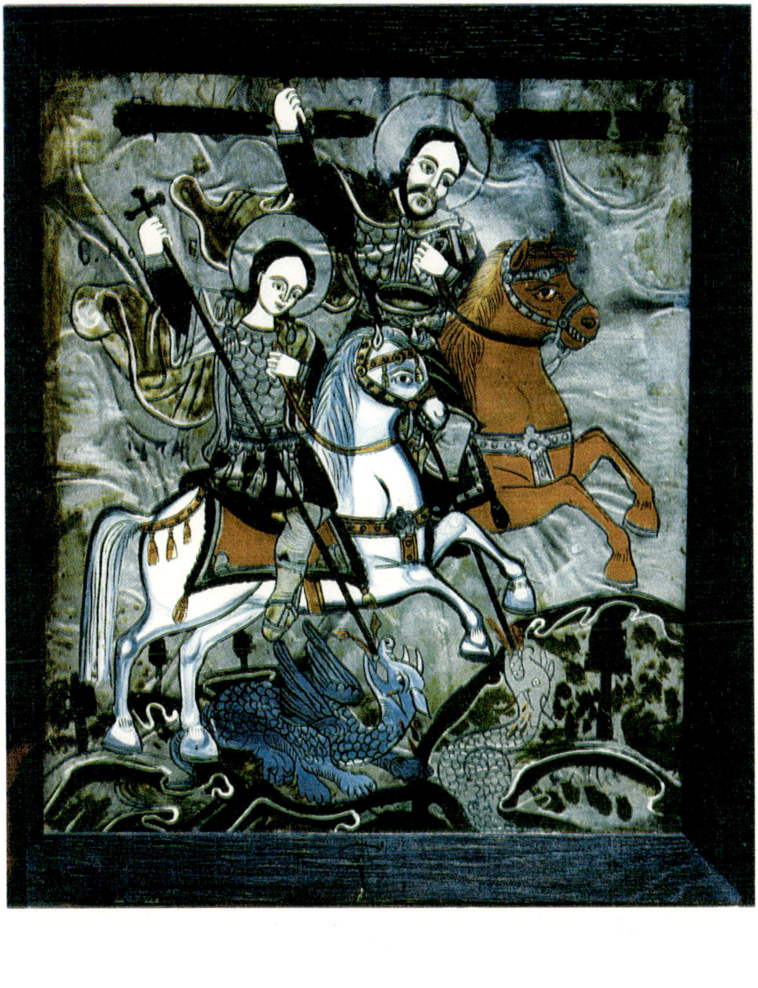

15. Bunavestire
- icoană pe sticlă

- nesemnată; nedatată;
- dimensiuni: 43 x 38,2 cm;
- tehnică: pictată parţial pe glajă, pigmenţi tempera, liant organic şi vegetal, hârtie argintie mată, ramă nouă, fund din placaj;
- descriere: imaginea dinamică alătură personajele în jurul unei mese centrale, pe care este deschisă o carte şi este desenată o floare mare; arhanghelul, în mână cu un lujer cu două flori, păşeşte spre Maria, îngenuncheată, dreaptă; dintr-un cerc de nori coboară Porumbelul Sfântului Duh; fundalul este arhitectural citadin;
- compoziţia este desfăşurată într-un singur plan, aspaţializată, redusă la elementele esenţiale ale reprezentării tradiţionale; importanţa scenei reiese din proporţiile personajelor, atitudini, gesturi şi expresii; arhanghelul are o siluetă elansată, capul redat în profil uşor asimetric, mâinile supradimensionate (cu stânga ridicată spre Lumina Increată); Maria, cu trăsături delicate, cu ochii în tăietură aspră, ca şi ai arhanghelului, are corpul subţire, aproape imaterial, şi mâinile mici;
- linia, cu duct diferenţiat, trasată cu negru, urmăreşte trasee sinuoase, fluide, sensul curbelor şi blicurilor; atmosfera sugerată decurge exclusiv din grafism, cu excepţia feţelor personajelor; siguranţa liniei şi puterea ei de evocare denotă un mare artist;
- cromatica este redusă la trei tonuri de bază: ocru modulat pentru carnaţie (cu treceri de la deschis la roz şi brun), verde crom în tentă plată şi laviu roşu englez de intensităţi diferite; linii fine albe sau în laviuri brune şi ocru completează volumetria redată grafic şi detaliile;
- inscripţii: median, pe cartea deschisă, cu litere chirilice:

  Bunave(s)tire
- stare de conservare: bună, hârtia argintie este pe alocuri măcinată, ondulată; prezintă exfolieri reduse şi bombări ale stratului pictural;
- colecţia Muzeului Ţăranului Român, Bucureşti, nr. R 1007.

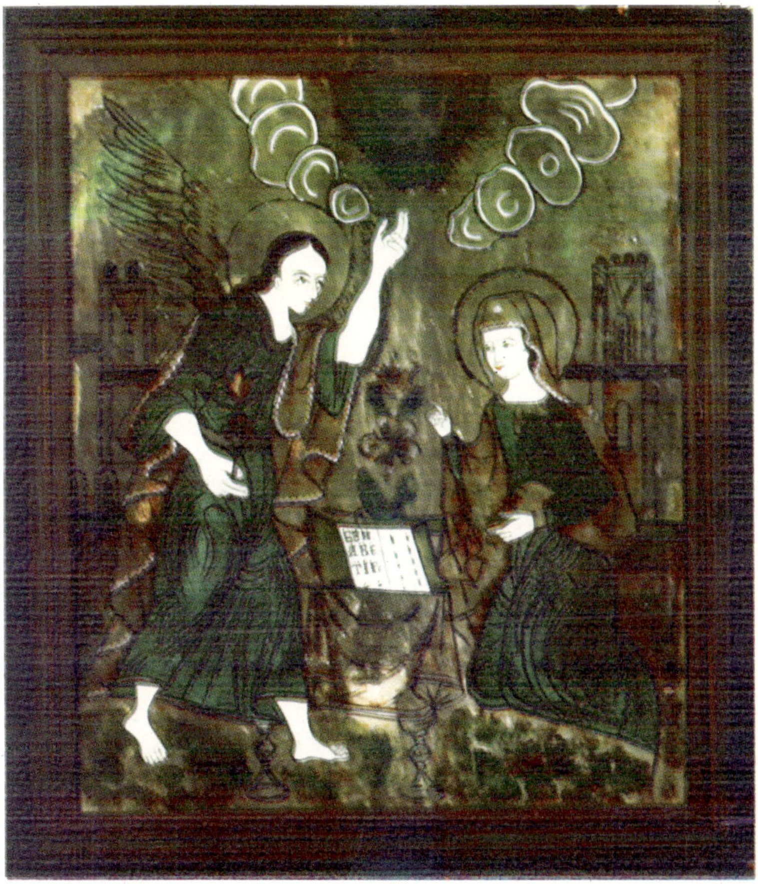

16. Sf. Vasile cel Mare
- icoană pe sticlă

- semnată: "Savu Moga zugravu, Arpaşul de Sus";
- datată: 1884;
- dimensiuni: 57,5 x 47,5 cm;
- tehnică: pictată integral pe glajă, pigmenţi vegetali şi minerali, liant organic şi vegetal, foiţă de aur, ramă şi fund din lemn de brad;
- descriere: sfântul Vasile este figurat central, înveşmântat episcop (pe nabederniţă este desenat Ochiul Domnului), în mâini cu o cruce, respectiv cârja în formă de "tau"; în colţul drept, dintr-un nimb de nori, Isus Hristos binecuvântează cu mâna stângă (!); în colţul stâng o draperie strânsă cu un şnur cu ciucuri mari; la nivel median, un registru arhitectonic format din biserici cu turle; fondul este presărat cu stele în patru colţuri, iar pavimentul are un motiv floral stilizat; chenarul este lat, geometric;
- compunerea este simplă, pe axe ortogonale; reprezentarea figurii centrale este rigidă, convenţională, avolumetrică, o proiecţie grafică pe un fundal neutru; excepţie fac mâinile şi chipul personajului, care este un portret tipologic; figura prelungă, ochii supradimensionaţi, culoarea modulată (ocru) şi umbrele gri-închis contribuie la redarea unui chip interiorizat, tensionat, sumbru; mâinile mari (îndeosebi dreapta) sunt articulate grafic; ductul este ferm;
- cromatica este redusă, dar somptuoasă, datorită abundenţei foiţei de aur; dominante sunt roşul permanent, verdele de China şi ocrul (ce intră în componenţa albului carnaţiei); pensulaţia fină a chipului, mâinilor şi detaliilor alternează cu cea în tuşe ample la suprafeţe mari, decorative;
- inscripţii: pe banda orizontală:

  A(...)paşul. de Sus 1884. Savu Moga zugravu

  inferior: Nicolae. Sarsamă o. plătit;
- stare de conservare: foarte bună; deteriorare a părţii inferioare a ramei;
- colecţie particulară.

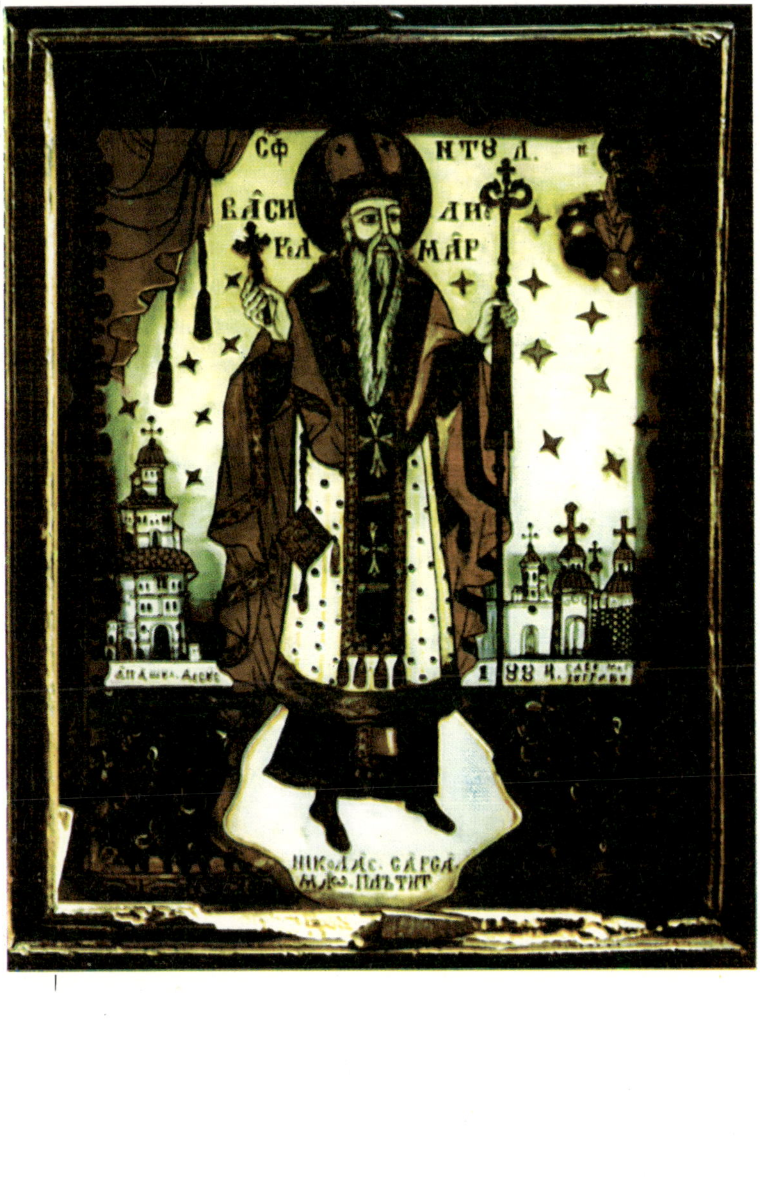
СФ НТȢЛ
ВАСИ ЛИЕ
КЕЛ МАР

17. Arhanghelii Mihail şi Gavril
- icoană pe sticlă

- nesemnată;
- datată: 1890;
- dimensiuni: 54,5 x 48,2 cm;
- tehnică: pictată integral pe glajă, pigmenţi tempera, liant organic şi vegetal, ramă profilată şi fund din lemn de brad;
- descriere: compunerea prin juxtapunere şi frontalitate a celor doi arhangheli, militari ai oştirilor cereşti, între ei fiind redaţi Isus Hristos dormind şi un copil nud - prilejuieşte suprapunerea a trei teme iconografice, şi anume: arhanghelii, Isus adormit şi salvarea celui sortit înecului; atributele arhanghelilor sunt inversate: Mihail ţine un caliciu şi sabia curbă, iar Gavril ţine balanţa din Parusie şi globul cruciger; semnificaţia teologică a scenei e subliniată de dezaxarea corpului arhanghelului Mihail, de cromatică şi de expresia gravă, sumbră, a celor doi; superior, dintr-un cerc de nori, Isus Hristos binecuvântează cu ambele mâini;
- stilistic, linia cu duct fin, trasată cu negru, delimitează conturele, faldurile şi detaliile; chipurile sunt redate prin linii pensulate, cu duct variabil, trasat cu brun-castaniu, aproape fără treceri de ton; cromatizarea pe acord primar şi complementar, prin alăturări crude, nemodulate, creează tensiune şi uşor dezechilibru plastic, în acord cu gravitatea subiectului redat;
- tipologia personajelor este inedită, unică până acum: trupuri robuste, chipuri supradimensionate, trăsături unghiulare, frunţi înguste, ochi foarte mari, în migdală orizontală, nasuri lungi, drepte, guri rigide, maxilare puternice; cromatizarea e ternă, în brunuri şi ocru, iar pensularea este descendentă, cu tuşe nervoase;
- cromatic, strălucirea suprafeţelor mari în foiţă de aur (la zale şi accesorii, detalii, chenar) este echivalată de intensitatea tentelor plate (roşu-miniu, verde de China, ocru mat) şi surdinizată de suprafeţe mari, de câmp, cu treceri ale tonurilor prin amestec cu alb (dominante fiind: ceruleum, roşu, citron, umbră arsă, castaniu, ocru);
- inscripţii: superior, cu litere chirilice:

  Arhangel. Mihail şi Gavril

  inferior: 1890;
- stare de conservare: lipseşte colţul inferior, dreapta, exfolieri pe suprafeţe întinse (îndeosebi la corpul arhanghelului Gavril); prin sticlă se vede un ziar maghiar;
- colecţia Muzeului Ţăranului Român, Bucureşti, nr. R 999.

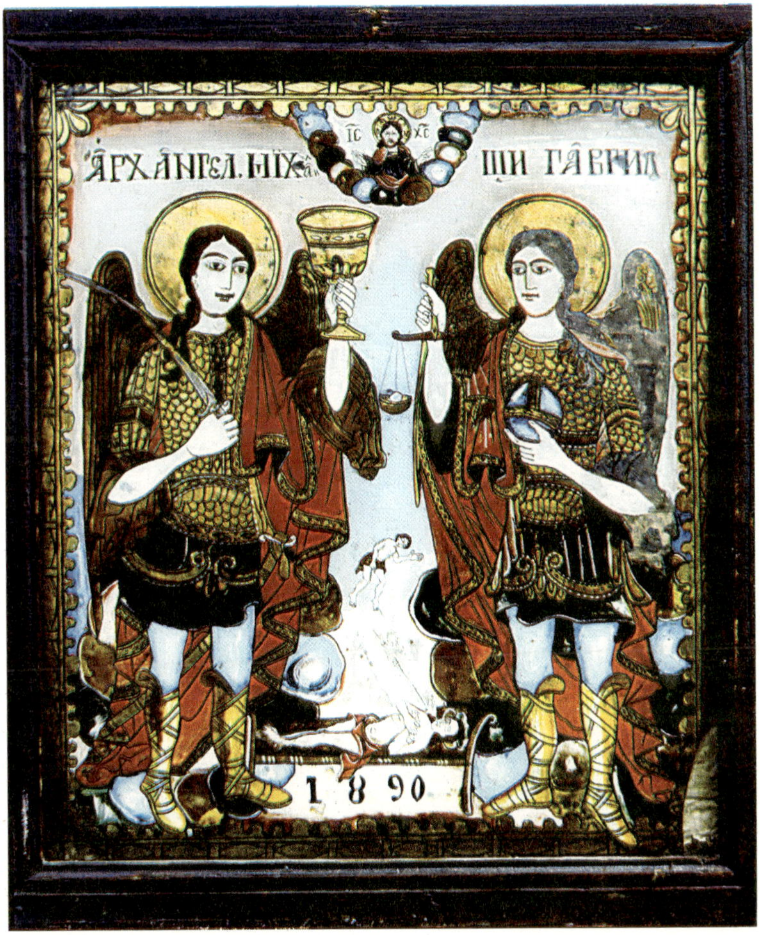
ІС ХС
1890

III.

Opera

Procedăm la analiza operei lui Savu Moga într-o cuprindere a ei parţială, întrucât ne vom limita la o selecţie de 17 icoane identificate în colecţiile româneşti.

Se cuvine, de asemenea, să precizăm că din pricina parcimoniei mărturiilor privitoare la iconar, abordarea operei prin decodificarea limbajului iconografic şi plastic este relativă şi incompletă, susceptibilă, adică, în timp, de noi interpretări şi evaluări.

Considerând fiecare icoană a lui Savu Moga un unicat, operă "deschisă", reprezentativă, purtătoare de semnificaţii dincolo de naraţia biblică sau hagiografică şi dincolo de aspectul estetic propriu-zis - am purces la studierea ansamblului, având în vedere *coordonatele iconografiei, canonului* şi *artisticităţii.*

*

* *

Icoanele la care ne referim sunt datate între 1858 şi 1890, aşadar, într-un interval de 32 ani. Patru lucrări sunt nedatate; pe considerente stilistice le-am stabilit cronologia după cum urmeză:

Sf. Ilie şi *Sf. Gheorghe* - anterioare anului 1858; *Bunavestire* şi *Învierea* - între 1872 şi 1884.

Nesemnate sunt 16 lucrări. Unica semnătură figurează pe icoana *Sf. Vasile cel Mare*, din 1884, icoană pe care se află înscris şi numele comanditarului.

Dintre icoane, una singură - *Bunavestire*, 1869 - este lucrată pe lemn, cu liant ulei, celelalte au drept suport glaja. Cele mai multe sunt pictate parţial pe dosul sticlei (personaje, decor, recuzită, chenare), astfel încât, prin suprafeţele rezervate *incolor* transpare hârtia argintie mată ce dublează sticla. Sunt pictate integral, tot în tempera, patru icoane: două - *Învierea*, *Sf. Vasile cel Mare*, 1884, *Arhanghelii Mihail şi Gavril,* 1890.

În ceea ce priveşte subiectul icoanelor, remarcăm frecvenţa celor inspirate din vieţile sfinţilor ce au trăit în primele secole ale creştinismului (*Gheorghe, Dumitru, Teodor Tiron*) şi a celor din Noul Testament (*Naşterea, Botezul, Floriile, Cina, Învierea*). Redactările iconografice sunt tradiţional - ortodoxe.

Atât prin subiect, cât şi prin concretizările plastice, expresive şi sintetice, icoanele lui Savu Moga conturează - în termeni lingvistici - un câmp semantic al imaginilor interrelaţionate pe ideea atotputerniciei lui Dumnezeu, întruchipat în Isus Hristos.

În ceea ce priveşte *iconografia*, unica temă vetero-testamentară este ascensiunea *proorocului Ilie*, o teofanie, în redactarea tradiţională, împrumutată de imaginile creştine repertoriului greco-roman (bunăoară, prezenţa carului cu cai înaripaţi şi a martorului terestru). Tema anticipează Noul Testament, dovadă figurarea lui Isus Hristos, superior, ca Logos Neîncarnat, iar faptul acesta este subliniat de următoarele detalii: în stânga, sus, un înger ţine hăţurile; sabia curbă din mâna stângă a profetului şi gestul mâinii drepte simbolizează investirea acestuia de către Iahve al armatelor; mantia pe care o primeşte discipolul

Eliseu (de fapt un cojoc) este simbol al continuităţii misionare.

Ideea teologică a Încarnării este ilustrată prin imaginile *Buneivestiri* şi *Naşterii Domnului*.

Ambele reprezentări ale *Buneivestiri* (una pe suport de lemn, cealaltă pe sticlă) sunt bizantine, dar diferenţele în tipologia personajelor, în dispunerea lor şi semnificaţia aluzivă a detaliilor conferă celor două lucrări un înţeles aparte, în conformitate cu anume particularităţi dogmatice. În icoana pe lemn (1869) îngerul este static, solemn, drapat în loros, precum în Bizanţ demnitarii la ceremoniile curţii imperiale; Maria şade pe un tron somptuos, cu o carte pe piept, cu capul înclinat, într-o atitudine de supunere pioasă; raza Luminii Increate coboară oblic dinspre Duhul Sfânt, iar pe fundalul arhitectural se detaşează o draperie albastră cu desenul majusculei I.

În icoana pe sticlă (nedatată), îngerul avansează cu pas mare spre stânga; este portretizat în profil, cu mâini supradimensionate, tensionat, elansat, dinamic; Maria, în genunchi, dreaptă, cu chipul sever şi trupul emaciat, cu gesturi indicând dialogul cu arhanghelul; cartea se află pe masă, lângă floare, dispusă central, în dreptul razei. Deci, tema Buneivestiri comportă o redactare în care accentul este pus pe pioşenia şi supunerea Fecioarei faţă de cuvintele transmise prin Mesagerul celest şi o altă redactare, în care se subliniază demnitatea asumării voinţei divine, într-o relaţie de excepţie, pe care îngerul o vesteşte, prefigurând-o dramatic.

În scena *Naşterii Domnului* (1860), cuprinsă tot în dogma Încarnării, esenţiale sunt compunerea sintetică, pe un traseu ovoidal şi simplitatea gesturilor personajelor, reduse la numărul minim necesar. Figurarea este vădit sumară, conformă cu sursele evangheliilor, iar atitudinea, expresia, sensul privirii fiecărui personaj definesc o relaţie specifică a acestuia cu tema reprezentată, într-o redare iconografică ce evită deliberat aglomerarea detaliilor narative (proprii redactărilor inspirate din apocrife, atât în mediul bizantin, cât şi în cel catolic).

Printre imaginile din ciclul cristologic se prenumără cele două sacramente fundamentale: botezul şi comuniunea.

Icoana *Cina cea de Taină* (1859) reuneşte personajele în jurul unei mese rotunde, conform unei scheme compoziţionale tradiţionale, adecvată tainei euharistiei. Isus Hristos impune, prin ţinuta-i sobră, expresia demnă, calmă şi impersonalitatea atitudinii; fiecare apostol este definit caracteriologic prin trăsături şi gesturi, chiar dacă figurarea lui este reluată prin decalc; destinul biografic şi misionar al apostolilor, ca primi ierarhi şi martiri creştini, este discret prefigurat de mâinile înălţate, cu palmele deschise sau strânse pe carte, de prezentarea integrală (aşezaţi pe scaune decorate cu volute şi flori) sau parţială (bust - cei aflaţi lângă Hristos); pe masă se disting pâinea şi vinul comuniunii. Importanţa temei este pusă în evidenţă de inscripţia-comentariu, ce ne călăuzeşte spre înţelegerea trăirii reale a sacrificiului asumat, reluat prin celebrarea liturghiei de către cei aleşi până la Venirea a Doua şi Parusie, cu alte cuvinte, până la împlinirea profeţiilor din Vechiul Testament.

Ilustrarea *Botezului Domnului* (1868) depăşeşte şi ea istoricitatea subiectului printr-o compoziţie sumară şi sintetică, eliminând detaliile narative datorate relatărilor postevanghelice. Prezenţa celor nouă îngeri pe mal subliniază epifania, figurată prin Duhul Sfânt şi prin deschiderea cerului: atitudinea gravă a lui Isus Hristos, pătruns de misiunea sa, concordă cu gestul binecuvântării cu ambele mâini; expresia dramatică a lui Ioan, ultim prooroc şi prim martir creştin, ce ţine mâna stângă deasupra capului lui Isus, accentuează solemnitatea momentului în care el botează şi este totodată sfinţit. Este singura icoană cuprinzând o alegorie: din multitudinea figurărilor ce populează apele Iordanului (care, oricum, nu este desenat), Moga a ales doar reptilele acvatice aparţinând iadului, strivite de către Isus Hristos, câte trei sub fiecare talpă goală (lipsind lespedea), în timp ce a şaptea, fără limbă, coboară râul,"in cornu sinistro" - în colţul stâng, adică în dreapta compoziţiei.

În icoana *Floriile* (1872), acelaşi contrast, impresionant, între dimensiunile reduse şi monumentalitatea scenei evocate. Primul plan acoperă aproape întreaga suprafaţă a compoziţiei, iar detaliile (copacul cu cei trei copii şi fundalul arhitectural şi peisagistic) sunt juxtapuse, pe verticală, în treimea superioară. În comparaţie cu alte redactări tradiţionale, în care caracterul festiv şi triumfal al intrării în cetate decurge din animarea scenei cu secvenţe narative, în iconografia lucrării lui Savu Moga transpare umanitatea, solemnitatea, discreţia, demnitatea celor investiţi să continuie apostolatul. Isus călare pe asin, desculţ şi întors spre privitor, îi binecuvântează pe apostoli. Poziţionarea personajelor, tipurile fizionomice create şi expresivitatea feţelor (cu frunţi înalte, în tonuri deschise), direcţia gesturilor şi accesoriilor - concordă cu interpretările teologice ale evangheliilor din primul mileniu al creştinismului. Această redactare iconografică se deosebeşte de celelalte foarte răspândite în perioada postbrâncovenească, de influenţă athonită, care accentuează festivitatea momentului prin mulţimile ce aclamă şi prin amploarea peisajului.

Cele două icoane *Învierea* (pictate pe glajă) prezintă într-o singură imagine două din cele trei variante iconografice clasice, şi anume: tema Îngerului şi Mariilor în faţa mormântului gol (inspirată de evangheliile canonice) şi tema Înălţării triumfale a lui Isus Hristos deasupra lespedei străjuite de soldaţi. Figurarea Înălţării este proprie lumii apusene, începând cu veacul al XI-lea, Bizanţul neautorizând, ca imagine a victoriei lui Hristos prin Înviere decât tema Pogorârii la iad (Anastasis). Asocierea celor două redactări este semantică, dovadă compunerea, tipologia, simbolistica detaliilor, ce concură la esenţializarea imaginii. Central, Isus Hristos păşeşte pe nimbul de nori ce-l izolează de lumea perceptibilă, în mâna stângă având flamura cu cruce de Malta, iar cu mâna dreaptă arătând înspre îngerul drapat. Soldaţii adormiţi nu au revelaţia învierii, ei observă doar prezenţa mironoforelor. Învierea propriu-zisă este, aşadar, invizibilă, dar constatată de către martorii pământeni. Expresia lui Isus este imparţială, dar nu rigidă ci, dimpotrivă, omenească, iar trupul său seminud are carnaţia în tonuri calde. Prin aceasta se subliniază realitatea Încarnării şi a salvării făgăduite de Dumnezeu Tatăl.

În concluzie, icoanele lui Savu Moga ce tratează ciclul cristologic se bizuie exclusiv pe sursele evanghelice canonice, dar imaginile redau, dincolo de momentul istoric narat, dogma Încarnării şi Învierii, sacramentele Botezului şi Euharistiei. Selecţia personajelor, compoziţiile şi detaliile-simbol dovedesc interpretarea subiectului tratat, interpretare pe care iconarul o face doar pe baza literaturii canonice şi a rugăciunilor liturgice - de unde, accentul pe sacrificiu, ca fundament al liturghiei, şi suprimarea secvenţelor datorate comentatorilor târzii. Rezultatul compunerii ad-hoc a imaginilor îl constituie aceste redactări originale, inspirate, dincolo de schemele iconografice orientale, sârbeşti, sau athonite.

În icoanele reprezentând sfinţi militari - *Sf. Gheorghe, Sf. Teodor Tiron, Sf. Dumitru* - interpretarea iconografică se simplifică, întrucât aceste compoziţii înfăţişează imagini cvasi-stereotipe, familiare spaţiului ortodox. Importante sunt anume alăturări a câte doi sfinţi, tipologia personajelor (sau, mai exact, canonul propus), şi detaliile de recuzită şi vestimentare, alăturări ce evită monotonia prin mijloace picturale şi decorative, convergente în indicarea unui sens moral, general-uman, depăşind biografia legendară.

Tema sfinţilor militari călări s-a încetăţenit în mediul bizantin ca temă a victoriei asupra principiului răului, prelungind o reprezentare proprie lumii greco-romane, apoi celei creştin-imperiale. Imaginea-tip a fost împrumutată, în acest caz, din legendele datând din primele secole ale creştinismului, care i-au preschimbat pe martiri în luptători invincibili împotriva păgânilor. Moga preia acest tip de reprezentare devenit clasic şi reţine din poveste doar detaliile al căror înţeles poate fi contemporaneizat, asimilat, adică, principiului victoriei binelui din mediul popular.

În ceea ce priveşte compoziţia acestor lucrări, în prim plan apar personajele principale, ca într-o efigie aplatizată, sintetică; în partea de jos a cadrului se află învinşii (om, balaur înaripat, reptilă); lângă sfântul Gheorghe este figurată, lateral, prinţesa, de dimensiuni reduse. Sfinţii sunt vestimentaţi militari romani, cu zale cu motive geometrice sau florale (de exemplu - decorul barocizant de pe pieptul sfântului Dumitru). Sunt redaţi în momentul în care ucid duşmanul cu lancea, călare pe cai în galop. Sfântul Gheorghe poate fi încununat cu flori şi aureolă în forma literei greceşti "theta" de un înger, când prinţesa salvată este prezentată gesticulând invocator. Legendarul Lie ucis de Dumitru (în fapt, Nestor a luptat în locul sfântului Dumitru) - este căzut sub burta calului, cu chipul mască şi sabia curbă suspendată deasupra propriului cap. Aceeaşi grijă pentru desenarea detaliilor se aplică rozetelor florale de pe harnaşamente, mascheroanelor de pe jambiere, epoleţilor, coifurilor etc., în timp ce fundalul peisagistic este schiţat sumar, prin linii şi pete cromatice.

Canonul propus diferă de la o icoană la alta prin expresia chipurilor. Acelaşi tip devine mai dramatic pe măsură ce autorul înaintează în vârstă; feţele imberbe, ovale, cu frunţi înalte, elenizante, ca tipuri exprimând victoria juvenilă, ajung a fi grave, tensionate, într-o lucrare târzie (de exemplu, *Sf. Gheorghe şi Teodor Tiron*, 1874); iar chipul prelung al sfântului Teodor, cu barbă brună înspicată evoluează între cel luminos, detaşat, din 1858 (*Sf. Dumitru şi Sf. Teodor Tiron*), şi cel sumbru aspru, brunizat, din 1874.

Constatăm, aşadar, că şi în acest tip de reprezentare convenţională a sfinţilor militari călări, imaginea - aparent simplificatoare - invocă, în fapt, un sens moral, uman: încrederea în victoria prin credinţă asupra feluritelor întruchipări malefice. Imaginea este purtătoarea unui mesaj direct, uşor descifrabil atât din portretul spiritualizat, cât şi din detaliile sumare, dar semnificative.

Printre icoanele lui Savu Moga există, după cum s-a văzut şi două imagini de sfinţi episcopi: *Sf. Haralambie* (1861) şi *Sf. Vasile cel Mare* (1884).

În imaginea *sfântului Haralambie* ne întâmpină o iconografie compozită: silueta principală este redată frontal, încununată cu flori de către un înger, purtând pe guler volute. În rest, elemente narative secundare, împrumutate din legendele apocrife. Astfel, la picioarele sfântului, în locul necuratului ţinut de lanţ apare moartea, conform indicaţiilor erminiilor ortodoxe, bunăoară athonite, în chip de schelet cu coasă şi coif cu clepsidră înaripată. De dimensiuni reduse, în stânga, sunt înfăţişaţi trei penitenţi la picioarele morţii, iar în dreapta, un preot într-un grup de femei implorând ajutor sfântului. Fundalul arhitectural cu turle de biserici corespunde redactărilor contemporane (ne gândim, de pildă, la xilogravurile lui Nechita Morariu). Tratarea în tonuri modulate a feţei sfântului tinde să echivaleze picturalitatea tehnicii uleiului. Ne aflăm, deci, în faţa unei imagini ce alătură detalii alogene, atât la nivelul ilustraţiei, cât şi la cel al decorului.

Acelaşi eclectism defineşte şi imaginea *Sf. Vasile cel Mare*, din pricina veşmintelor (gulerul mantiei cu elemente baroce), a picturalităţii feţei (cu umbre gri), a detaliilor din colţurile superioare [stânga - o draperie strânsă cu şnur şi ciucure, iar în dreapta - o figurare a lui Isus, într-un nimb de nori, binecuvântând cu mâna stângă (sic!)]. Esenţiale sunt inscripţiile şi amplasarea lor, cea cu numele plătitorului într-un loc mai vizibil, la picioarele sfântului, iar cea cu numele zugravului şi locul său de baştină, mai discretă, integrată fundalului arhitectural. Lăsăm deschisă interpretarea unor detalii ale acestei icoane (nabederniţa cu Ochiul Domnului dublată de o a doua, la spate, şi mai ales, binecuvântarea lui Isus cu mâna stângă).

Ultima icoană asupra căreia ne aplecăm este aceea a *Arhanghelilor Mihail şi Gavril*, din 1890. Iconografia este complexă, cu substrat teologic şi spiritual, un mesaj mediat pe care încercăm să îl desluşim. Aparent, redarea frontală a celor doi arhangheli, în veşminte militare, în calitatea lor de strategi ai oştirilor îngereşti, binecuvântaţi de Isus Hristos dintr-un nimb de nori - respectă iconografia bizantină, chiar dacă atributele lor sunt inversate (cum se întâmplă adeseori în epocă), şi provin din surse apocrife: potirul din mâna stângă a lui Mihail - probabil cel al Patimilor din imaginile medievale, şi balanţa judecării la A Doua Venire, din mâna dreaptă a lui Gavril (în talerele căreia stau o piatră sau un ou şi un văl). Încadrându-se într-o anume tipologie, cei doi arhangheli au siluete robuste; remarcăm dezaxarea - în dreptul şoldului - a corpului lui Mihail (cel ce veghează asupra integrităţii instituţiei bisericii), şi, mai cu seamă, feţele supradimensionate, conturate pe trasee unghiulare, cu ochii foarte mari şi expresia vădit sumbră, tensionată, întunecată de pensulări descendente, brune.

Iconografia se complică prin două figurări de dimensiuni reduse, inferior, între cei doi: Isus Hristos întins pe un pat şi corpul seminud al unui copil în cădere. Redarea lui Isus între cei doi arhangheli corespunde indicaţiilor erminiilor athonite. Redactarea lui Moga pare că se apropie cel mai mult de cea specifică epitafului sau Liturghiei îngereşti (frecvent reprezentată pe bolta naosului în fresca transilvăneană din secolele XVIII şi XIX), cu deosebirea că lipseşte orice aluzie la oficierea slujbei perpetue de către serafimi, în vreme ce Isus este figurat pe pat, nu pe lespede şi nu întins pe giulgiu. Observăm că Isus are capul aşezat pe o pernă din două suluri şi trupul colorat în tonuri brune, mai închise înspre picioare. Copilul în cădere, încins tot cu pagnus, cu trupul frânt şi mâna stângă supradimensionată, cu palma deschisă, dinspre care pornesc două linii oblice spre capul lui Isus, poate fi un suflet damnat, căzut din balanţă, sau poate fi copilul salvat de la înec, din mâinile călugărilor, aşa cum este marcată scena - mult mai amplu - în erminia lui Dionisie din Furna.

Avem de a face cu suprapunerea a trei teme distincte: arhanghelii, Isus adormit şi salvarea de la înec (iar noi închinăm către această variantă, din seria minunilor înfăptuite de către cei doi arhangheli). Juxtapunerea acestor teme dobândeşte un anume sens şi prin dimensiuni: subiectul central rămâne reprezentarea primilor doi îngeri din ierarhia cerească, în chip de oşteni, veghind asupra liturghiei şi vestind Parusia şi Judecata făgăduită în scriptură. Acesta este sensul sacrificiului lui Isus, luând asupră-şi păcatele omenirii. Înţelegem, de asemenea, prezenţa lui Isus Hristos în icoană, într-un nimb de nori, ca Logos Încarnat.

Ne oprim aici în stabilirea semnificaţiei ultime a acestei figurări complexe: o interpretare corectă, neunivocă, ar reveni unor mai buni cunoscători ai dogmelor ortodoxe. Oricum, mesajul arhanghelilor Mihail şi Gavril din icoana lui Moga pare limpede, la o primă vedere: biruinţa prin credinţă, încrederea în judecata finală, perpetuarea tradiţiei şi invincibilitatea principiului moralităţii prin creştinism.

*

* *

Înţelegem prin *canon* modelul urmat în redarea figurii umane, definit prin proporţii ale corpului, postură, gesturi, portret, costumaţie şi accesorii simbolice.

Savu Moga a respectat cu stricteţe indicaţiile iconografiei în bună tradiţie bizantină: indicaţii elementare şi obligatorii privitoare la atitudini, trăsături, vârstă a personajelor şi costumaţie. Dincolo de cadrul general de reprezentare însă, iconarul a ştiut să interpreteze relaţiile dintre personaje şi să sublinieze semnificaţia lor teologică sau dogmatică prin formulele tipologiei portretizării, prin sensul atribuit gesturilor, prin detaliile discrete de recuzită.

Observăm din capul locului verticalitatea personajelor principale, indiferent de unghiul de vedere - frontal, semiprofil sau lateral - sau de poziţie - în picioare, aşezat, călare. Corpurile sunt de statură medie, robuste, cu gât scurt, iar părţile anatomice sunt de cele mai multe ori proporţionate echilibrat. Disproporţiile, câte sunt, constituie excepţii menite să conducă la o interpretare corectă a scenei.

În cele patru portrete ale lui Hristos (*Cina* - 1859, *Botezul* - 1868, *Floriile*-1872, *Învierea*), recunoaştem un personaj cu atitudini emblematice, exemplare; corpul este mai degrabă scund, cu torsul plin şi membre ce sugerează materialitatea, atât în redactările seminude (apare evidentă aici osatura, inserţia muşchilor, carnaţia cu umbre cromatice şi amestecuri deschise pe suprafeţele rotunjite), cât şi în redactările costumate, în care mantia drapată şi tunica au falduri moi, urmărind volumele anatomice. Portretul propriu-zis al lui Isus este unul tipologic; trăsăturile de bază rămân neschimbate în răstimpul celor 13 ani ce separă lucrările datate: capul este desenat pe un traseu rectangular, cu faţa lată, frunte înaltă, maxilare puternice, bărbie pronunţată; nasul drept, îngust, nu prea lung, gura mică, orizontală, ochii distanţaţi, conturaţi în migdală, cu pupila plină, arcadele largi; părul brun, barba scurtă şi mustaţa brune - înfăţişează personajul la vârstă matură, în toată puterea, în conformitate cu principiile de creaţie proprii lumii bizantine.

Expresia chipului este, însă, diferită de la o scenă la alta, datorită picturalităţii carnaţiei. Luminozitatea ocrului conferă seninătate, sobrietate, imponderabilitate (*Cina, Învierea*).

În icoana intitulată *Floriile*, albul de zinc accentuează fruntea "adevăratului filosof" din gândirea creştină, în vreme ce umbrele brune de sub ochi şi culoarea întunecată a obrajilor spiritualizează figura celui ce-şi urmează neabătut drumul ce i-a fost menit.

Pensulările brune, vibrate, tensionează chipul lui Hristos şi în *Botezul*. Gesturile lui Hristos mărturisesc solemnitatea atitudinii şi sunt, în acelaşi timp, revelatoare pentru sensul imaginii.

Simplitatea detaliilor de recuzită sporeşte efectul decorativ al striurilor aureolei, al drapării centrate a pagnusului, mai ales atunci când este însoţită de o cromatică strălucitoare, căreia i se asociază foiţa de aur, ca de pildă în icoana *Învierea*, în care se descifrează crucea de Malta de pe flamură şi fibula circulară cu care se prinde mantia la gât.

Apostolii prezintă întrucâtva aceleaşi siluete, mai degrabă scunde, acoperite simetric de drapajul vestimentar, cu falduri trasate prin linii urmărind anatomia corpurilor. Savu Moga a încercat să le diferenţieze fizionomiile atât prin trăsături (regăsite în datele biografice), cât şi prin expresie, cu ajutorul modulărilor de ton. Chipurile apostolilor exprimă participarea lor afectivă la secvenţa narată, poziţia în relaţie cu celelalte personaje. Astfel, în icoana *Cina*, apostolii sunt definiţi prin portrete ce dobândesc individualitate, prin înălţimea diferită a frunţilor, prin linia nasului, prin dimensiunea ochilor şi distanţa dintre ei, prin umbrele cromatice de pe tâmple şi obraji, etc. Nici un portret nu se repetă, chiar dacă forma şi culoarea părului şi bărbilor sunt aceleaşi, în schimb, poziţiile şi uneori gesturile sunt reluate prin decalc (la personajele laterale). Caracterul temperat sau impulsiv al celor portretizaţi, expresia gravă sau mirarea de pe chipul lor - au legătură cu vârsta apostolilor şi cu relatările din evanghelii. La fel, sunt semnificative gesturile: mâinile sunt aşezate pe cărţi sau sunt înălţate, dreapta sau stânga, cu palmele deschise sau atenţionând cu indexul.

Portretele proorocilor (Ilie, Eliseu, Ioan Botezătorul) se încadrează tipologiei stabilite în cazul apostolilor. Trăsăturile lor expresive variază potrivit cromatizării carnaţiei (luminoasă - la Ilie, întunecată - la Ioan) şi sunt corelate cu poziţiile ambelor mâini.

Personajele din icoana *Naşterea* (1860) sunt definite prin doar câteva trăsături esenţiale, în care siguranţa liniei şi tuşei colorate conferă redactării echilibru, calm, discreţie.

Cât priveşte figurarea Mariei, constatăm existenţa a două chipuri similare (*Naşterea* - 1860, *Bunavestire*, lemn, 1869), cu faţa mică, pe traseu curb, nasul delicat, ochii apropiaţi şi mici, fruntea acoperită de maforion - definind un portret sumar, redat prin câteva formule-tip, menite a evidenţia atitudinea supusă şi rolul secundar al personajului în imaginile amintite. În schimb, portretizarea Mariei în icoana *Buneivestiri*, nedatată, individualizează trăsăturile prin verticalitatea nasului, prin tăietura aspră a ochilor, cuta dintre sprâncene, bărbia mică şi fermă, conferind expresiei austeritate. Solemnitatea aproape rigidă a figurii este sporită de aplatizarea corpului îngenunchiat, dar vertical, aproape imaterial, în care doar mâinile desemnează sensul revelat (stânga relaxată, cu palma adunată, iar dreapta ridicată arătând spre raza Luminii Increate).

În aceeaşi icoană, silueta arhanghelului Gavril constituie cea mai dinamică reprezentare din galeria personajelor lui Moga, până acum. Semnificative sunt, după cum am mai arătat, expunerea în profil, cu supradimensionarea unor părţi (capul, dar mai ales nasul, mâinile), ochii apropiaţi de rădăcina nasului, lipsiţi de pleoape, pomeţii reliefaţi, obrajii supţi şi bărbia mică, rotundă. Aceste trăsături, împreună cu pensulările vibrate de ton modulat, definesc un portret extrem de evocator, fără echivalent în icoanele precedente. Desenul braţelor, al picioarelor urmăreşte musculatura, vădit marcată şi de drapajul sinuos, ce accentuează tensionarea corpului în mişcare. Veşmintele sunt simple: tunică şi mantie, fără decoraţie; ramura înflorită din mâna arhanghelului reia conturul celor două inflorescenţe suprapuse ale lujerului de pe masă.

Prin contrast, figurarea celor două personaje din icoana *Arhanghelii Mihail şi Gavril*, datată 1890, este total diferită, fiind menită să transmită un cu totul alt conţinut ideatic, prin alăturări semantice, conforme cu o anume interpretare teologică. Siluetele masive ale celor două personaje principale sunt redate convenţional, în veşminte militare romane, perpetuate prin filiera bizantină. Supradimensionarea chipurilor şi dezaxarea corpului lui Mihail sunt puse în evidenţă de cromatizarea dură, prin acord complementar, teroasă şi închisă. Feţele rectangulare, cu frunţi înguste şi adumbrite, ochii excesiv de mari, conturaţi inferior prin tuşe brune suprapuse, nasurile lungi, rigide, obrajii laţi, înecaţi în brunuri pensulate descendent, gurile strânse aproape într-un rictus, bărbile pătrate - sunt, dimpreună, trăsături ce definesc două portrete aproape identice, cu încărcătură spirituală de o mare complexitate. Desenul şi cromatizarea (incluzând aurul) sunt estompate la vestimentaţie, dar nuanţate discret, la elementele de recuzită, simbolice: globul cruciger, balanţa, săbiile. Formulele tipologiei portretului corespund - dincolo de convenţia obligatorie

- mesajului ideatic al imaginii.

Un alt grup de portrete în care diferenţierile sunt nete în redarea personajelor este acela al *sfinţilor călare* (5 lucrări datate între 1858 şi 1874). Siluetele şi poziţia sfinţilor, precum şi accesoriile sunt reluate conform aceleiaşi scheme compoziţionale convenţionale despre care am mai scris. Portretele propriu-zise însă, în succesiunea cronologică a icoanelor oferă o perspectivă evolutivă, atât sub aspectul trăsăturilor fizionomice, cât şi sub acela al expresiei, rezolvată prin picturalitate.

Astfel, chipul sfântului Dumitru, în trei icoane diferite datând din 1858, 1861 şi 1866 este imberb, pe contur oval, încadrat de plete castanii sau de bucle scurte; dar, în primul caz, trăsăturile moi, reieşind din linii fluide şi carnaţie deschisă, cu accente de alb, sugerează candoarea adolescentină; în al doilea caz, linia e mai tranşantă, culoarea feţei, cu modulări spre brun, interiorizează înfăţişarea tensionată, concentrată asupra acţiunii în desfăşurare; în al treilea caz, ochii măriţi, cu pensulări închise în jurul orbitelor, direcţia privirii şi faţa lată, în tonuri deschise, conferă figurii distanţare şi seninătate, încât ea pare a se abstrage contextului.

Două portrete ale sfântului Gheorghe (unul nedatat, celălalt din 1874) oferă imagini contrastante, aproape fără legătură cu formulele-tip, primul înfăţişându-ne un chip luminos, imberb, elenizant, la o vârstă imatură; al doilea înfăţişându-ne un chip tânăr, cu trăsături mai ferme, pometi proeminenţi; conturările lineare sunt aici vibrate, la fel tonurile de brun ce întunecă suprafeţele.

Punând alături cele două portrete ale sfântului Teodor Tiron din 1858 şi 1874, ne dăm seama - iar lucrul acesta era, după cum scriam mai sus, valabil şi în cazul iconografiei - că diferenţierile somatice, rezultate din desenul liber, şi cele expresive, redate prin pensulări de tonuri deschise sau închise, sunt nu numai rodul perfectibilităţii mijloacelor plastice ale iconarului, ci şi al încărcăturii spirituale a imaginii, ce presupune interpretarea scenei pictate şi investirea personajelor cu valoare de simbol. Această subliniere deliberată a funcţiei simbolice a imaginii - dincolo de naraţia hagiografică - este evidenţiată, în icoanele reprezentând câte doi sfinţi, atât prin dimensionarea diferită a celor două figurări (nu doar din raţiuni compoziţionale), cât şi prin mărimea capului în raport cu corpul.

Încă două portrete - *Sf. Haralambie* (1861) şi *Sf. Vasile cel Mare* (1884) -, independente şi individualizate stilistic (în pofida redactării stereotipe a siluetelor înveşmântate liturgic), fac dovada interpretării teologice a personalităţii celor înfăţişaţi, în limitele obiectivării impuse de portretizarea tipologică, specifică imaginilor postbizantine. Sfântul Haralambie este prezentat într-o atitudine hieratică şi convenţională, cu faţa prelungă, subţiată de barba albă, şi carnaţia în tonuri luminoase de ocru şi roz în amestec cu alb. Portretul sfântului Vasile se apropie de cele din deceniul anterior prin conturele grafice nete şi carnaţia ternă, cu umbre acromatice (gri), menite să dezvăluie osatura şi să ofere o expresie gravă, reverenţioasă personajului ce pare că ar poza.

Ce concluzie putem trage în urma analizei canonului personajelor lui Savu Moga? Că este subordonat subiectului tratat şi semnificaţiei secunde a acestuia, revelate intelectual. Dincolo de câteva trăsături-tip, desenate liber, descoperim o marcată individualizare a expresiei, ce corespunde unui substrat de idei interpretate în spiritul moralei creştin-ortodoxe. Singurul portret redat stăruitor prin aceleaşi formule grafice este cel al lui Hristos, în care obiectivarea expresiei este impusă de natura sa dublă, umană şi divină, în ipostaza Logosului Incarnat.

*

* *

Să vedem care este *limbajul artistic* propriu-zis caracteristic lui Savu Moga. În general, el e dependent de specificul tehnicii picturii cu suport glajă: compunere, aspect stilistic - grafism, picturalitate, cromatică. Cromatizarea în etape succesive, începând cu trasarea conturelor, solicită din partea artistului precizie, fermitate în desen şi o selecţie prealabilă a tonurilor, întrucât reveniri nu sunt posibile. Ceea ce deosebeşte fără putinţă de tăgadă lucrările lui Moga prin comparaţie cu oricare alte icoane este folosirea unui liant uleios, ce conferă strălucire pigmenţilor de tempera şi permite acoperirea unor suprafeţe în glasiuri transparente, de consistenţă diferită.

Apoi, dimensiunea redusă a suportului impune compuneri limpezi, ordonate, lizibile. Compoziţiile sunt create ad-hoc, nerepetabile, deci neşablonizate; chiar şi atunci când reiau scheme iconografice anterioare (de pildă, sfinţii militari), tiparul este mental, nicidecum copiat. Scena principală se desfăşoară într-un singur plan, fără adâncime spaţială, eventual cu suprapunerea pe două - trei registre orizontale a secvenţelor secundare - în care caz personajele sunt mai mici, uneori chiar schematice.

Din cele 17 icoane ale lui Savu Moga numai 2 se disting prin compoziţii înscrise pe traseu oval: *Cina* (1859) şi *Naşterea* (1860); celelalte sunt realizate prin juxtapuneri simple în acelaşi plan sau în registre diferite, evitând rigiditatea ori monotonia prin desenul alert, spontan, prin dimensiuni şi colorit. Indiferent de subiectul abordat (portret tipologic al unui sfânt sau scenă narativă biblică), observăm, în toate icoanele, verticalitatea ţinutei personajelor principale, ce sunt alăturate simetric.

Fundalul peisagistic sau citadin este întotdeauna sumar, de proporţii reduse, compus pe curbe line (pământ, vegetaţie) sau pe axe ortogonale (construcţii şi elemente arhitectonice, printre ele, adesea, turle de biserici).

În interioare, mobilierul obligatoriu, conform prescripţiilor iconografice - masa dispusă central, scaune cu spătar - împrumută motive decorative barocizante: volute, spirale, baluştri şi bumbi, flori etc.

În ceea ce priveşte aspectul stilistic al lucrărilor, grafismul este determinant: linia delimitează corpurile, volumetria aplatizată, detaliile. Desenată cu o pensulă subţire, înmuiată în negru, ea are un duct cursiv, fluid şi precis, dovedind o extremă siguranţă a mâinii. Expresivă în sine, linia singură ar putea defini caracteristicile esenţiale ale imaginii (personaje, relaţia dintre ele, cadrul ficţiunii), dincolo de funcţia ei de tramă compoziţională. Puţini artişti, indiferent de tehnica execuţiei, au dat dovadă de o asemenea concizie în desen. Savu Moga face din el o calitate principală a icoanelor sale, pe care le putem identifica astfel cu uşurinţă. Linia este de o inegalabilă plasticitate: defineşte personajele, spaţiul (redus la o schemă sumară), creează ritmul compoziţional. Ductul este alternativ delicat - delimitând cu eleganţă curbe moi - sau neutru - atunci când construieşte fundalul, mobilierul, detaliile decorative.

Cromatica este inconfundabilă, prin acordurile armonizate într-o gamă restrânsă, prin transparenţa şi strălucirea tonurilor, prin puterea de sugestie a petei colorate, pusă în evidenţă fie de rezervări incolore, fie de contraste picturale.

Glasiurile, proprii lui Savu Moga, de consistenţă diferită, acoperă neuniform suprafeţele delimitate de contururi, dispuse într-un singur strat sau suprapuse parţial, cu scopul de a obţine nuanţe diferite. Cel mai adesea, glasiurile sunt diluate din tonuri de ocru, brun (ocru brunizat, Siena, umbră arsă), verde (Nil, de

China, crom), roşu englez. Zemurile colorate sunt specifice icoanelor pictate parţial pe glajă, cu suprafeţe rezervate incolor, ce au ca fond hârtia argintie mată: prin aceste zemuri transpare granulaţia hârtiei, ceea ce dă strălucire şi rafinament imaginii. Observăm că aureolele, raza şi nimbul delimitat de nori al Luminii Increate sunt întotdeauna necolorate, în aşa fel încât acestea sugerează imaterialitatea prin argintul reflectat de sticlă. Cu tonuri diluate, fără conturări prealabile sunt desenate, prin tuşe sau pete, solul, vegetaţia măruntă (ierburi, flori), copacii.

Tentele plate (verde crom şi Nil, castaniu, roşu permanent, alb, negru, ultramarin) acoperă suprafeţe mai mici decât glasiurile, armonizându-se cu acestea. Excepţie fac imaginile reprezentând sfinţi călare, în care corpurile cailor se constituie în pete mari, uniforme, colorate cu pigmenţi minerali: alb de zinc, roşu de miniu.

Nu de puţine ori porţiuni colorate în tentă plată sunt rezultatul unui amestec neomogen, realizat prin simplă pensulare suprapusă, cu alb sau negru, în funcţie de nevoia luminării sau umbririi tonului.

Sunt pictate pe întreaga suprafaţă a sticlei doar trei lucrări: *Învierea, Arhanghelii Mihail şi Gavril, Sf. Vasile*, toate având asociată foiţa de aur în cromatizarea propriu-zisă, şi nu doar ca detaliu somptuos. Foiţa aurie, decupată cu precizie pe contur, poate fi aplicată şi peste un glasiu pensulat anterior, astfel încât ea apare nuanţată, unduioasă în strălucirea ei difuză.

Gama cromatică este extrem de redusă, rezultând din câteva acorduri primare şi complementare, cu contraste atenuate de alb (pur sau amestec - la fonduri). Alăturarea suprafeţelor în tonuri calde şi reci (ocru, roşu permanent, verde de China, albastru ultramarin), cu rapeluri cromatice, depinde de dominanta cerută de comentariul intelectual al imaginii, cu alte cuvinte, acordul cromatic reprezintă un efect secundar, subordonat nexului ideatic al scenei cu pricina. Ansamblul este întotdeauna în echilibru cromatic, accentuând plastic semnificaţia teoretică a figurării.

Cu privire la cromatizarea carnaţiei, am subliniat deja importanţa modulării tonului în portretizare. Considerăm îndreptăţită noţiunea de "modulare", proprie tehnicii uleiului, gândindu-ne la liantul uleios, ce permite întrepătrunderea tuşelor pensulate în tonuri apropiate.

Astfel, chipurile personajelor principale sunt definite nu doar prin formule-tip (grafice sau coloristice), aşa cum au procedat cei mai mulţi dintre iconarii contemporani lui Moga, supuşi unui grad mai mic sau mai mare de automatism - ci, mai ales, prin picturalizarea propriu-zisă a figurii umane, rezultată din suprapunerea tuşelor. Procedeul este bine găsit spre a atinge efectul dorit, adică expresia specifică, cerută de interpretarea contextului teologic. Iată de unde vine expresivitatea, atât de marcată, în icoanele lui Savu Moga.

Să mai amintim, în legătură cu aspectul general al imaginii, din când în când, prezenţa chenarelor. Simple, înguste, repetând alternativ două - trei motive - fie geometrice, fie florale - acestea încadrează scena şi dobândesc pregnanţă mai cu seamă atunci când folosesc foiţa aurie.

Câteva cuvinte s-ar cuveni să adăugăm şi despre grafie. Inscripţiile sunt scrise cu majuscule, liber, cu prescurtări impuse de spaţiul îngust, şi cu omisiuni sistematice ale unor litere ("â" din sfânt, "a" din Maria, "s" din Bunavestire, adesea "i" etc.). Felul în care sunt scrise literele şi cifrele este recognoscibil la intervale mari de timp, printr-un anume desen, îngroşări de trăsături şi separări prin puncte. O singură icoană, *Cina cea de Taină*, are o inscripţie amplă, ce comentează revelator semnificaţia complexă a imaginii, în spiritul interpretării teologice

a textelor biblice. Având în vedere importanţa acesteia, o redăm în întregime:
"Iată m(ă) dulce HS. Vine Iuda/ticălos cina ta cea de - pre urmă-/lucruri prea mărite curmă-/ vedeţi zidurile Marii. a cetăţii a cei tari/ întraceaste ziduri toţi prorocii buni, a lui Avram, nepoţi/ au perit de neam îndărătnicit, cio vreame va veni ca(n)d toate/ să vor plăti. 1859".

*

* *

Socotim, în închidere, că cele 17 icoane pictate de Savu Moga alcătuiesc un ansamblu coerent din punct de vedere plastic. Îndeosebi datele oferite de analiza iconografică şi a portretului singularizează fiecare din aceste lucrări, ce se disting prin consecvenţa interpretării imaginilor. Putem, de asemenea, considera icoanele lui Moga demonstraţii teoretice, părţi dintr-o serie relaţionată ideatic. Depăşindu-şi contemporanii, zugravi de icoane sau de biserici, Moga a pus în lumină, prin limbajul figurativ, valoarea filosofică şi morală a naraţiei biblice.

Linearitatea compunerilor şi încadrarea imaginii, de preferinţă într-un singur plan, prezintă similitudini cu procedeele miniaturiştilor medievali postbizantini. Avem ocazia să întâlnim acelaşi desen concis al feţelor şi mâinilor personajelor, aceeaşi cromatizare plată, cu suprapuneri grafice, aceeaşi economie în selecţia elementelor componente, şi grija pentru detaliul semnificativ - doar în tipăriturile miniate.

Savu Moga nu a fost influenţat de zugravii de biserici din zonă, bunăoară de cei din familia Grecu, ce pictaseră chiar biserica din Arpaşul de Sus. Fără îndoială că iconarul nostru a luat seamă la frescele din interiorul lăcaşelor de cult, dar o filiaţie directă cu zugravii amintiţi sau eventuale afinităţi artistice nu se pot stabili. Dimpotrivă, tipul de compunere spaţială propriu peretelui monumental diferă total faţă de imaginea sintetică, succintă, specifică glajei de mici dimensiuni. Nu se aseamănă, oricum, nici schemele compoziţionale, nici selecţia iconografică, nici convenţiile figurative - toate acestea dovedind contexte formative diferite.

Iconari din alte locuri, predecesori sau contemporani lui Savu Moga, au perpetuat meşteşugul aşa cum l-au învăţat, copiind "reţetele" moştenite, fără a avea putinţa de a interpreta semnificaţia scenelor. Ei s-au oprit la anecdotică. Meritul lor este acela de a fi păstrat curate tiparele iconografice, cu destule detalii simbolice, chiar dacă ele şi-au pierdut, uneori, înţelesul originar; au înfăţişat în icoane, cu sinceritate şi cu meşteşug, un chip după asemănarea lor, un chip al credinţei, al bunului gust, al vitalităţii - propriu ţăranului român. Aşa vedem astăzi icoanele lor pe sticlă. Iar între ele, cele ale lui Savu Moga, atât de puţine la număr, sunt adevărate capodopere. În faţa adâncimii lor de cuget ne plecăm...

Bibliografie

Lena Constante

- *Iconarul Savu Moga*, rev. "Boabe de grâu", nr.11/1932; (pe copertă, icoana Naşterii Domnului)

Constantin Brăiloiu

- *Icoane pe sticlă ale zugravului făgărăşan Savu Moga*, catalogul expoziţiei din 1943, tipărit de Ministerul Propagandei Naţionale - *Les icônes paysannes roumaines peintes sous verre*, rev. "Formes et couleurs", nr.1/1945

Ştefan Meteş

- *Zugravii şi icoanele pe hârtie şi sticlă din Transilvania*, rev. Bisericii Ortodoxe Române, nr.7/8, 1964

Vasile Drăguţ

- *Un mare meşter iconar- Savu Moga*, rev."Arta plastică", nr.8/1967

Cornel Irimie, Marcela Focşa

- *Icoane pe sticlă*, Ed. Meridiane, Bucureşti, 1968

Iuliana, Dumitru Dancu

- *Pictura ţărănească pe sticlă*, Ed. Meridiane, Bucureşti, 1975

Henri H. Stahl

- *Amintiri şi gânduri*, Ed. Minerva, 1981

Localizarea satului de obârşie al iconarului se datorează doamnei **Ioana Cristache Panait.**